Katrin Häusler
Kirchstockacher Str. 7
8011 Hohenbrunn
Tel.: 0 81 02 / 31 72

Weihnachten 1994

Elisabeth Malcolm

Alles andere als unbegabt

Ueberreuter

Die Deutsche Bibliothek – CIP-Einheitsaufnahme

Malcolm, Elisabeth:
Alles andere als unbegabt / Elisabeth Malcolm. – Wien :
Ueberreuter, 1993
 ISBN 3-8000-2754-2

J 1778/1

Alle Rechte vorbehalten
Umschlag von Sabine Lochmann
Copyright © 1993 by Verlag Carl Ueberreuter, Wien
Druck und Bindung: Ueberreuter Buchproduktion, Korneuburg
Printed in Austria

— 1 —

Martina saß auf dem Rücksitz des Autos und sah durch die regennassen Scheiben hinaus. Wie Perlen rollten die Tropfen am Glas hinunter. Innen beschlugen die Scheiben allmählich, aber man konnte den Garten durch die Regenschleier erkennen, die blühenden Forsythien am Tor, tief gebeugt vor Nässe, den schmalen Kiesweg zur Eingangstür.
Vater trommelte mit den Fingern ungeduldig aufs Lenkrad. »Wo bleiben sie denn so lange?« brummte er. »Sie schlägt wieder einmal Wurzeln.«
Das sagte er immer, wenn er schon hinter dem Lenkrad saß und Mutter im Haus noch eine Menge zu erledigen hatte. Sie fand immer noch etwas, was zurechtgerückt, zur Seite gelegt oder abgeschlossen werden mußte.
Heute, meinte Martina, hätte Vater etwas nachsichtiger sein können. Schließlich fuhren sie nicht zu irgendeinem Picknick im Grünen. »Jetzt kommt sie«, rief sie erleichtert, als sie sah, wie die Haustür aufging und ein eingemummter roter Zwerg erschien. Sie sagte es, obwohl sie wußte, daß Vater das gleiche sah wie sie. Sie wollte ihn damit nur beruhigen. Martina fürchtete, er könnte Mama sonst irgend etwas vorwerfen, was heute nicht am Platz war.
Vater beantwortete ihre Feststellung mit einem Brummen.
Der rote Zwerg war ihr kleiner Bruder Roman in seinem neuen Regenmantel. Er freute sich als einziger

über den Regen. Hinter ihm erschien Mutter, zog die Tür ins Schloß, sperrte ab und eilte aufs Auto zu. Vater ließ den Motor an. Die Mutter hielt die hintere Tür für Roman auf, schrie: »Nicht, Roman!«, aber der patschte bereits begeistert mit beiden Füßen in eine tiefe Pfütze, die er erspäht hatte, dann wurde er auf den Sitz neben Martina geschoben.
»Iiii, bist du naß. Rutsch bloß weg!« schimpfte Martina, schwieg aber dann, um keinen Streit aufkommen zu lassen. Nicht heute.
Mutter schlüpfte auf den Beifahrersitz, schüttelte sich die Tropfen aus dem kurzen, blonden Haar und schnallte sich an.
»So, jetzt kann es losgehen. Roman mußte noch einmal aufs Klo«, erklärte sie. »Thomas, du hast doch die Tasche im Kofferraum, ja?«
»Längst. Schon seit einer halben Stunde. Jetzt muß es aber schnell gehen.«
Genau in diesem Augenblick brach die Sonne durch die Wolken und ließ die Regentropfen am Fenster auf Martinas Seite wie Diamanten aufblitzen.
»Richtiges Aprilwetter«, stellte Mutter fest und warf noch einen Blick zurück auf das Haus. Die gelben Narzissen entlang des Weges leuchteten. »Na ja, bis ich wieder zurückkomme, sind sie hoffentlich noch nicht verblüht«, sagte sie leichthin.
Martina zuckte zusammen. Wie lange dauerte es, bis Osterglocken verblühten? »Wenn es zwischendurch noch schneit oder kühler wird, halten sie vielleicht länger«, meinte sie hoffnungsvoll.
»Schneien braucht es nicht, darauf kann ich verzichten«, sagte Vater. »Mama kommt ja in ein paar Tagen bestimmt wieder. Oder, Lina?«

»Spätestens zum Wochenende«, antwortete die Mutter. »Aber wenn ich mich schon einmal durchchekken lasse, sollen sie es auch gründlich machen. Diese Schnelluntersuchungen taugen nichts, das haben wir ja neulich leider wieder bei Frau Kling gesehen.«
Mutter war Ärztin. Vor drei Jahren hatte sie die Praxis des alten Dr. Beer übernommen. Jetzt vertrat er sie für die Dauer ihres Krankenhausaufenthaltes. Der gute alte Dr. Beer! Sprechstunden in der Praxis konnte er gerade noch halten, und dann auch nur, wenn es um kleine Wehwehchen ging.
»Mama, ich hab nasse Füße!« jammerte Roman.
»Das kann ich jetzt auch nicht ändern, ich hab dir gesagt, du sollst nicht in die Pfütze treten«, sagte Mutter energisch. »Thomas, dreh doch bitte die Heizung ein bißchen höher. Mir ist auch kalt.«
»Nervös?« fragte der Vater und rückte den Schieber für die Heizung nach rechts.
»Überhaupt nicht, ist doch reine Routine«, wehrte Mutter ab. »Aber es ist schon eigenartig. Wenn man selber dran glauben muß, ist das etwas anderes, als wenn man einen Patienten ins Krankenhaus schickt. Eigentlich eine ganz heilsame Erfahrung . . . Übrigens, achte darauf, daß Sabine zu Hause ihre Ballettübungen macht, und Roman muß jeden Tag sein Lied für die Abschlußfeier im Kindergarten üben. Martina, versuch doch, in der nächsten Englischarbeit eine Drei zu schaffen, das ist doch übermorgen, oder? Wenn du fleißig übst . . . Thomas, ich hab vergessen, die Überweisung für die kleine Bettina Berger rauszuschreiben . . . Meinst du, du kommst mit den Kindern zurecht? Schau halt, daß Roman sein Gemüse ißt. Nicht wahr, Spatz, du folgst dem Papa schön? Und

die Blumen im Wohnzimmer, vergeßt nur ja nicht, sie zu . . .«
»Lina, würdest du jetzt bitte aufhören, dich wie eine wildgewordene Glucke zu benehmen. Am Ende erinnerst du mich noch daran, daß ich mich jeden Tag kämmen soll«, unterbrach der Vater sie. »Ich sorge seit Jahren zur allgemeinen Zufriedenheit für Blumen, Englischarbeiten und Gemüsemahlzeiten. Du kannst ganz beruhigt sein, deine Familie wird in dieser einen Woche weder verhungern noch verwahrlosen. Wenn du in der Praxis bist, bist du ja auch nicht da.« Er tätschelte ihre Hand und warf ihr lächelnd einen Seitenblick zu.
»Ich weiß, aber das ist etwas ganz anderes«, sagte die Mutter.
»Nein, ruh dich schön aus, laß dich verwöhnen und jag ruhig die Ärzte ein bißchen herum. Der Winter war wirklich hart für dich.«
Martina hörte schweigend zu. Sie kannte ihre Mutter zu gut, sie merkte, sie war nervös, wenn sie das auch noch so heftig abstritt. Eine Routineuntersuchung, hatte sie gesagt, nur eine Woche im Krankenhaus, damit alles einmal überprüft wurde. Sie war in den letzten Wochen schneller müde geworden als früher, hatte sich mittags nach der Sprechstunde manchmal hingelegt, bevor sie ihre Hausbesuche machte. Dies alles hatte Martina bemerkt. Aber wenn sie besorgt gefragt hatte, bekam sie jedesmal zur Antwort: »Das hat nichts zu bedeuten, Kleines. Frühjahrsmüdigkeit. Ich werde halt auch nicht jünger.«
Vater fuhr jetzt auf der Umgehungsstraße, die in die Kreisstadt führte. Der Verkehr war dicht, sie mußten an einer Kreuzung halten.

»Ich hab Hunger«, quengelte Roman.
»Wir gehen nachher etwas essen«, versprach der Vater.
»Wann nachher?«
»Wenn wir die Mama im Krankenhaus abgeliefert haben.«
»Ich hab aber jetzt Hunger!«
»Sei doch still, du bist so was von verfressen!« schimpfte Martina.
»Roman, ein bißchen wirst du es schon noch aushalten, oder?« meinte die Mutter, griff nach hinten und klopfte ihrem Jüngsten aufs Knie.
»Aber nur ein bißchen«, lenkte Roman ein.
Auf dem Parkplatz des Krankenhauses war nur nach mehrmaligem Rundendrehen ein freier Platz zu finden. Vater holte Mutters Reisetasche aus dem Kofferraum und sperrte ab, während die Mutter mit Martina und Roman vorausging. Der Weg zum Eingang führte etwas bergauf. Mutter blieb auf halbem Weg stehen. »Wir wollen auf Papa warten«, sagte sie. Doch Martina fiel es auf, daß sie schwerer atmete als sonst.
»Der holt uns schon ein«, drängelte Roman. »Wenn wir schneller oben sind, können wir schneller wieder fort, ich hab jetzt wirklich Hunger. ›Ein bißchen‹ ist schon lange vorbei.«
»Du wirst es erwarten können, du Vielfraß«, fuhr Martina ihn an und versetzte ihm einen unsanften Schubs.
Mutter sagte nichts und ging langsam weiter. In der großen Eingangshalle befahl Vater: »Ihr beiden könnt jetzt nicht weiter mit. Ihr wartet hier, bis wir die Aufnahmeformalitäten erledigt haben. Ich bringe Ma-

ma in ihr Zimmer und hole euch dann wieder hier ab. Setzt euch dort drüben auf die Bank und seid brav. Martina, paß auf Roman auf, daß er nicht wegläuft.«
»Warum dürfen wir denn nicht mit?« fragte Martina, und ihre Stimme klang ein wenig zittrig.
»Kinder dürfen außerhalb der Besuchszeit nicht in die Krankenzimmer«, erklärte Mutter, »außerdem ist die Warterei in der Aufnahme langweilig. Also, seid schön lieb, ich komme ja bald wieder heim. Ich bin ja nicht krank. Stellt euch vor, viel schlimmer wäre es, wenn ich krank wäre und nicht wüßte, ob oder wann ich wieder rauskomme. Roman, Spatz, du bist ganz brav, ja? Und du folgst dem Papa, daß ich keine Klagen höre! Ich habe Telefon im Zimmer, da können wir jeden Tag miteinander reden.«
Mutter zog den Kleinen an sich, aber sie gab ihm keinen Kuß. So etwas mochte er nicht. Er wand sich schnell wieder aus ihren Armen und sagte wie ein Erwachsener: »Also, mach's gut.« Dann drehte er sich weg und betrachtete interessiert einen Mann, der mühsam mit einem Gipsbein daherhumpelte.
Martina hatte das Gefühl, als stecke ihr ein dicker Kloß im Hals. »Wiedersehen, Mama, ich rufe dich jeden Tag an . . .« Weiter kam sie nicht. Tränen stiegen ihr in die Augen. Ärgerlich wischte sie drüber, schließlich war sie kein kleines Kind mehr.
»Du brauchst doch nicht traurig zu sein, Martina. Du wirst sehen, es wird ganz lustig ohne mich. Du hast viel zu lernen, und dann mußt du auf Roman aufpassen, und Papa kann auch Hilfe im Haushalt brauchen. Ich bin schneller wieder da, als du glaubst. Ja, und grüß noch Sabine.«
Sabine, die Älteste, hatte heute mit der Schule eine

Exkursion. Die Klasse konnte der Sitzung des Landesparlaments beiwohnen.
»Kinder, jetzt macht doch keine Tragödie draus«, sagte der Vater und zog seine Frau am Arm. »Wenn wir nicht gehen, ist am Ende dein Bett belegt. Und ihr beiden rührt euch hier nicht von der Stelle, verstanden?«
Martina sah ihren Eltern nach, wie sie durch die Schwingtür verschwanden. Dann wandte sie sich um und packte Roman an der Schulter, der mit einem Mal viel kleiner und hilfloser erschien als sonst. Sie schob ihn zur Bank. Eine ganze Weile sagten sie beide nichts. Dann meinte Roman: »Ob sie bei der Mama irgendwas rausschneiden, was meinst du?«
»Blödsinn, die schneiden ihr nichts raus. Sie untersuchen sie bloß. Sie nehmen ihr Blut ab und horchen sie ab und schauen, ob das Herz, der Kreislauf und all das in Ordnung sind.«
»Und wenn sie's nicht richtig machen, wird sie ihnen zeigen, wie man's macht. Muß sie im Bett bleiben, sie ist doch nicht krank?«
»Nein, krank ist sie nicht. Aber wenn man im Krankenhaus ist, muß man wohl im Bett bleiben.«
»Ja, weil sie einen sonst nicht finden, wenn sie was machen sollen. Wann kommt sie wieder raus?«
»Weiß ich nicht. Bald.«
Nach etwa einer halben Stunde kam Vater den Gang entlang. »So, Kinder, jetzt ist Mama versorgt. Sie läßt euch schön grüßen, und ihr sollt brav sein. Sie hat ein schönes Zimmer mit Blick über die Stadt im siebten Stock, fast wie im Hotel. Und wir gehen jetzt essen.«
»Endlich«, seufzte Roman und rutschte von der Bank.

Martina ging schweigend hinter Vater und Bruder zum Auto. Es hatte wieder angefangen zu regnen. Sie fuhren aus dem Parkplatz hinaus, bogen in die Hauptstraße ein und hielten auf die Stadtmitte zu.
»Haltet Ausschau nach einem schönen Gasthof«, riet Vater, dann fügte er hinzu: »Mama hat gesagt, ihr dürft euch zum Essen aussuchen, was ihr wollt.«
»Da, da!« schrie Roman und deutete aus dem Fenster. Er hatte einen Blick für Gasthäuser.
»Tatsächlich, sieht nett aus«, meinte Vater. »Probieren wir's.«
Es war knapp nach halb zwölf, sie fanden mühelos einen Parkplatz, und im Gasthaus saßen erst wenige Leute.
Die Kellnerin reichte ihnen die Speisekarten. »So, jetzt sucht euch etwas Gutes aus«, sagte der Vater. »Wir wollen heute nicht aufs Geld schauen. Roman, wie wär's mit einem Schnitzel?«
»Ja, fein, und Pommes frites mit Ketchup.«
»Oder da, Hühnergeschnetzeltes mit Reis.«
»Und Pommes frites«, sagte Roman.
»Was nun? Schnitzel oder Huhn?« fragte der Vater.
»Geht nicht beides?«
»Du spinnst wohl«, entrüstete sich Martina.
»Warum? Papa hat gesagt, wir sollen nicht aufs Geld schauen.«
»Das hat nichts mit Geld zu tun, sondern mit deinem Magen. Nachher spuckst du uns das Auto voll.«
»Tu ich nicht. Also dann Schnitzel. Aber ich will noch Eis. Und Pommes frites.«
»Gut, gut. Und du, Martina?«
»Eigentlich lieber nichts«, sagte Martina. »Nur etwas zu trinken.«

»Dummes Zeug, Kind. Irgend etwas mußt du essen. Was hast du denn?«
»Nichts. Mama hat bestimmt auch keinen Hunger.«
»Es nützt ihr aber nichts, wenn du nichts ißt. Außerdem haben sie im Krankenhaus gerade das Mittagessen serviert.«
»Na schön, dann einen Salat.«
»Salat! Wie eine Kuh!« höhnte Roman.
Als die Kellnerin wiederkam, bestellte der Vater zweimal Schnitzel und eine Salatplatte.
Roman stopfte sein Essen in sich hinein, während Martina unlustig an ihrem Salat knabberte. Sie warf verstohlen einen Blick auf ihren Vater. Auch ihm schien das Essen zu schmecken. Das machte sie beinahe wütend. Wie konnte er bloß so zufrieden Stück für Stück das Fleisch zum Mund führen, dazwischen genüßlich ein paar Pommes frites nachschieben und dann einen Schluck Wein nehmen? Sie stellte sich vor, wie Mama in ihrem weißbezogenen Bett lag, Angst hatte und keinen Bissen von dem Krankenhausessen hinunterbrachte. Bestimmt sehnte sie sich danach, jetzt hier zusammen mit ihnen zu sitzen, fröhlich und unbeschwert. Sie mußte sich wie in einem Gefängnis vorkommen . . . Martina steigerte sich so in diese Vorstellung hinein, daß ihr übel wurde. Abrupt stand sie auf, ihr Stuhl kippte nach hinten. Sie murmelte Unverständliches und stürzte hinaus.
Vater und Bruder sahen ihr verständnislos nach.
»Ist der Salat schlecht?« fragte Vater, als sie zurückkehrte.
»Es ist nicht der Salat«, sagte sie und setzte sich. »Ich habe nur überhaupt keinen Appetit.«

»Daß du uns bloß nicht auch noch krank wirst und wir dich am Ende zu Mama ins Bett legen müssen.«
»Das ist ein dummer Witz«, sagte Martina kühn. »Du hast mich ja gezwungen, etwas zu essen.«
Vater und Roman hatten sichtlich Appetit, so als wäre alles in bester Ordnung. Aber war es das? Vater mußte doch wissen, daß es Mama war, die das Geld hereinbrachte. Er hatte seinen Beruf aufgegeben. Zu verstehen war es ja, daß er keine Lust mehr hatte, in die Bank zu gehen, seit ihm damals ein Junger vor die Nase gesetzt worden war, obwohl sie eigens hierher gezogen waren, weil man ihm den Posten des Filialleiters versprochen hatte.
»Hast du etwas?« fragte Vater besorgt.
Martina schüttelte den Kopf.
»Eis oder Kompott magst du auch nicht?«
»Nein, danke.« Martina dachte ununterbrochen darüber nach, ob Mama ihnen etwas verschwiegen hatte. Als Ärztin wußte sie Bescheid ...
Auf dem Heimweg fuhren sie an der Bankfiliale vorbei, in der Vater einmal gearbeitet hatte.
»Es gefällt euch doch, wie wir jetzt wohnen?« fragte Vater.
»Ja«, antworteten sie gleichzeitig.
»Seht ihr, das habt ihr dieser Bank dort zu verdanken«, erklärte Vater. »Wir würden heute noch in dem Großstadt-Hochhaus wohnen, mit Aussicht auf das Fernheizwerk und Straßenlärm als Begleitmusik. Wir hätten keinen eigenen Garten, wenn es diese Bank nicht gäbe.«

— 2 —

Der Wecker klingelte. Automatisch griff Martina danach und knipste den Schalter aus. Dann drehte sie sich auf die andere Seite und wartete darauf, daß ihre Mutter die Tür öffnete, um leise zu sagen: »Martina, es ist halb sieben. Aufstehen!«
Es dauerte eine Weile, bis Martina plötzlich hochfuhr. Mutter kam ja nicht. Heute nicht und morgen auch nicht.
Schlaftrunken saß sie auf dem Bettrand und ließ die Füße baumeln. Sie rieb sich die Augen, fischte nach ihren Hausschuhen und stand auf. Draußen fuhr ein Auto vorüber, in der Ferne hörte sie die Sirene eines Polizeiwagens. Herr Schneider von gegenüber schlug die eiserne Gartentür zu, daß es schepperte. Die gleichen Geräusche wie jeden Morgen, und doch war alles anders. Irgend etwas fehlte. Rasch wurde ihr klar, woran es lag. Im Haus war es still, kein Ton kam von unten, kein Laut aus den anderen Zimmern.
Mit einemmal war sie hellwach. Du meine Güte! Hatten die anderen am Ende alle verschlafen? Sie riß die Tür ihres Zimmers auf und lauschte. Nichts. Sie lief nach nebenan und öffnete die Tür zum Zimmer ihrer älteren Schwester Sabine. »He, du, aufstehen! Du hast verschlafen! Halb acht!« schrie sie unsanft.
»Was?« kreischte es aus der gegenüberliegenden Ekke. »Wieso hat Mama . . .« Dann wurde die Nachttischlampe angeknipst. Sabine wühlte sich aus ihrem Bett und blickte ihre Schwester aus zusammenge-

kniffenen Augen an. »Ach so«, sagte sie dann und fügte vorwurfsvoll hinzu: »Wieso weckst du mich nicht früher?«

»Du bist gut, sei froh, daß ich es überhaupt getan hab«, fauchte Martina und rannte über den Flur ins Elternschlafzimmer. Auch ihr Vater schlief noch, er schnarchte sogar. Sie mußte ihn dreimal rufen und rütteln, bis er endlich hochschnellte und verwirrt fragte: »Wie? Was? Was ist los?«

»Aufstehen! Ihr habt alle verschlafen!« rief Martina. »Es ist fast sieben Uhr. Kein Mensch hat Frühstück gemacht, steht auf!« Schon war sie wieder draußen. Sie hatte alle Türen aufgerissen und wollte im Badezimmer verschwinden.

Am Ende des Flurs stand Roman in der Tür seines Zimmers. Er war barfuß und zerstrubbelt und rieb sich die Augen. »Was ist denn los?« jammerte er. »Keiner kommt und holt mich. Ich bin schon lange wach.«

Martina schob ihn zurück in sein Zimmer, befahl ihm, sich zu waschen und anzuziehen und dann rasch hinunter in die Küche zu kommen.

»Ich kann das nicht allein. Hilf mir dabei. Mama hat immer . . .«

»Mama ist nicht da, basta. Du kannst das sehr gut allein. Du bist doch kein Baby mehr«, sagte Martina bestimmt. »Ich hab für so was keine Zeit.«

Dann lief sie hinunter, schaltete die Kaffeemaschine ein und goß Milch für Roman und sich selbst in einen Topf zum Wärmen. Tischdecken sparte sie sich heute. Sie stellte nur vier Tassen auf den Tisch und ziemlich ungeordnet Butterdose, Marmelade und die Büchse mit dem löslichen Kakaopulver dazu.

Schließlich schnitt sie noch ein paar Scheiben Brot mit der Maschine ab. Dann sauste sie hinauf in ihr Zimmer, zog sich an und wollte ins Bad, um wenigstens Katzenwäsche zu machen und sich die Zähne zu putzen. Die Badezimmertür war verschlossen.
»He, wer ist da drinnen? Ich will rein!« schrie sie.
»Besetzt!« ertönte drinnen die Stimme ihrer Schwester Sabine.
»Spinnst du? Mach sofort die Tür auf«, rief Martina und trommelte dagegen.
Weder ging die Tür auf, noch meldete sich Sabine.
»Blöde Gans, mach auf!« schrie Martina erneut.
Vater kam im Morgenmantel auf den Flur. »Was ist eigentlich los? Hier ist ein Krach wie im Irrenhaus.«
»Da drinnen ist auch eine Irre! Sabine hat sich im Bad eingeschlossen, ich kann mich nicht waschen, Roman ist angeblich zu klein, um sich anzuziehen, und wird zu spät in den Kindergarten kommen und ich zu spät in die Schule, aber sonst ist alles in Ordnung«, wetterte Martina.
»Sabine!« donnerte der Vater. »Sofort kommst du da raus! Was soll das?«
Die Tür wurde aufgerissen. Sabine erschien wütend und keifte: »Kann man sich hier denn nicht in Ruhe zurechtmachen? Wenn mich keiner rechtzeitig weckt, müßt ihr eben sehen, wie ihr zurechtkommt. Ich kann schließlich nicht wie eine Vogelscheuche in der Welt herumlaufen.« Dabei warf sie einen vielsagenden Blick auf ihre Schwester.
Martina ignorierte das, wischte sich mit dem kalten, nassen Waschlappen übers Gesicht, putzte die Zähne, fuhr sich mit dem Kamm durch ihre blonden, wirren Locken und rannte dann in die Küche hinun-

ter. Dort zog Sabine eben den Topf mit der übergelaufenen Milch von der Herdplatte.
»Schöne Schweinerei!« maulte sie. »Du kannst doch nicht den Herd einschalten und einfach abhauen. Und wo ist mein Frühstück?«
»Hol es dir selber oder laß es einfach«, empfahl ihr Martina. »Ich bediene dich bestimmt nicht so wie Mama!«
Sie packte ihre Schulsachen zusammen und griff sich Roman, der ratlos herumstand. »Du trinkst jetzt eine Tasse Kakao und ißt schnell ein Butterbrot. Dann bringt dich der Papa in den Kindergarten. Ich muß los.«
Erst als sie auf ihrem Fahrrad saß und zur Bushaltestelle fuhr, wurde sie wieder ruhiger. Einen so hektischen Morgen hatte sie schon lange nicht mehr erlebt. Für gewöhnlich stand Mama als erste auf und weckte die Familie, kam in jedes Zimmer und rief entweder leise oder energischer, je nachdem. Sabine mußte mehrmals geweckt werden, sie war ein Morgenmuffel. Bei Martina genügte leises Rufen, und Roman wollte, daß man ihm das Radio einschaltete, damit er langsam an die Oberfläche tauchen konnte.
Wie Mama Vater weckte, war ihre Sache, jedenfalls kam er jeden Morgen fröhlich und gut gelaunt an den gedeckten Frühstückstisch. Etwas später brachte er Roman in den Kindergarten, die beiden Mädchen fuhren kurz vor ihm mit ihren Rädern los, Martina zum Schulbus, Sabine zur Bahn. Sie besuchte ein musisches Gymnasium in Neustadt und bildete sich eine Menge darauf ein. Martina ging in ein neusprachliches in der Kreisstadt.
Wenn Vater nach Hause kam, war Mama bereits ange-

zogen. Sie tranken gemeinsam noch ein Tasse Kaffee, und dann fuhr Papa seine Frau in die Praxis.
Martina kam auf ihrem Weg an Mamas Praxis vorbei. Sie sah unten an der Tür das weiße Pappschild, das sie gestern selbst dort hingehängt hatte und auf dem stand, daß Frau Dr. Wengen eine Woche abwesend sei und von Dr. Beer vertreten werde.
Der Busfahrer mußte ihretwegen die Eingangstür noch einmal öffnen und sagte: »Guten Morgen, Gnädigste.« Er grinste dabei, und Martina ärgerte sich doppelt, erstens, daß er so grinste, und zweitens, daß sie deswegen rot wurde.
In der Klasse war sie auch die letzte. Kraweh saß schon an seinem Tisch und blätterte in einem Buch. Da schlug der Gong an.
Draußen hatte sich der Himmel verdüstert. Es wurde immer dunkler und dunkler, dann setzte plötzlich ein Schneegestöber ein, das die Sicht auf die gegenüberliegende Wand der Turnhalle nahm. Martina sah dem Schneetreiben zu, versuchte, einzelne Flocken mit den Augen in ihrem wirbelnden Taumel zu verfolgen, gab es schließlich auf und ließ das Geflimmer an ihren Blicken vorbeihuschen. Verrücktes Aprilwetter, dachte sie. Ob es vor Mamas Krankenhausfenster auch so schneite?
»Martina, ich habe dich etwas gefragt, ich warte!« hörte sie da Krawehs scharfe Stimme. Kraweh hieß eigentlich Karl Ralf Weber, unterrichtete Geschichte und war bei den Schülern recht beliebt. Aber er haßte nichts so sehr wie Unaufmerksamkeit. Und genau das war Martinas schwacher Punkt. Sie träumte zu oft vor sich hin, sie fand einfach so viele Dinge interessanter als Kriege, Eroberungen und Friedensver-

träge, die ohnehin nicht lange hielten. Darum konnten Martina und Kraweh einander nicht ausstehen.
Urplötzlich hatte das Schneegestöber aufgehört, die Sonne schien blendend hell, ein Zitronenfalter gaukelte am Fenster vorüber. Konnten Schmetterlinge mit nassen Flügeln fliegen?
»Nun?« schreckte Krawehs schneidende Stimme Martina erneut auf.
Sie sah ihn erschrocken an und sagte: »Nein, ich glaube nicht.«
»Was soll das heißen?« schimpfte Kraweh, während die Klasse loskicherte. »Ich habe gefragt, ob die Römer bei uns irgendwelche Spuren hinterlassen haben!«
Mein Gott, dachte sie, die alten Römer. Natürlich haben sie Spuren hinterlassen, mußte man sich da gleich so aufspielen? Auch die alten Römer werden so etwas wie ein Privatleben gehabt haben. Die meisten Lehrer gingen davon aus, daß die Schüler kein Privatleben zu haben hatten. Sie schienen zu denken, daß ihr Privatleben harmonisch und ohne Probleme war. Ein liebendes Elternpaar, finanziell ausreichend versorgt, keine irgendwie gearteten Sorgen, kerngesund. Sie blieb an diesem Wort hängen, kerngesund. Wie viele Menschen waren wirklich kerngesund? Wer zum Beispiel in dieser Klasse konnte das von sich behaupten? Sie selbst? Und was geschah zur gleichen Zeit mit ihrer Mutter im Krankenhaus? Durchleuchtete man sie, nahm man ihr Blut ab, entnahm man ihrer Leber eine Probe, oder war es etwas ganz Schlimmes? Martina war, als hinge sie über einem dunklen Schacht und könne jeden Augenblick in ihn hineinstürzen. Worte wie Karzinom und Metastasen

schwirrten in ihrem Kopf herum, Todesanzeigen in der Zeitung fielen ihr ein. Viele begannen mit den Worten »Plötzlich und unerwartet...«
Ach, Mama, wie soll ich an die Römer denken, die mir so fern sind, wenn ich nicht weiß, was sie alles bei dir finden werden? Martina zwang sich, Kraweh anzusehen. Seine Gesichtsfarbe war nicht frisch. Die Haut wirkte talgig, und die Körperhaltung war ganz schlecht. Wahrscheinlich war er zu schnell groß geworden. Kraweh war der Lehrer, der sich am meisten räusperte und hin und wieder eine Tablette aus einer Pillenschachtel holte. Nicht immer tat er dies auf die gleiche Art. Manchmal tat er es offen, manchmal so, als ob er nicht wünsche, daß es bemerkt werde. Er hatte chronische Bronchitis.
Im Bus hatte Martina einmal zwei Pädagogikstudentinnen reden hören. »Ich möchte einmal keine erste Klasse übernehmen«, hatte die eine gesagt. »Das ist noch halber Kindergarten, und du mußt ihnen alles beibringen. Das ist Knochenarbeit.« »Und ich möchte keine letzte Klasse haben«, hatte die andere erwidert, »da gehen sie dann auf andere Schulen, und du mußt sie für die präparieren. Und dann sagen die anderen Lehrer noch, daß sie bei dir nichts gelernt haben.« Da hatten die beiden bemerkt, daß Martina ihnen zuhörte, und ihr Gespräch beendet. Es war für Martina interessant gewesen zu erfahren, was künftige Lehrerinnen dachten.
Im Bus gab es überhaupt viele Gespräche, die interessant waren. Einmal hatte ein Mann zu seiner Frau gesagt: »Ich weiß, ich war wirklich gemein zu dir, und ich hätte mich beherrschen müssen. Ich bitte dich, mir noch einmal zu verzeihen. Fangen wir doch noch

einmal ganz von vorn an.« Die Frau antwortete darauf nur mit einem kurzen, etwas zu lauten »Ha!« Also versuchte es der Mann noch einmal: »Ich weiß, ich bin jähzornig und tue dann Dinge, die ich kurz danach schon bereue, sehr bereue. Aber ich liebe dich wirklich. Und du weißt, daß ich dich liebe. Und wie ich dich liebe.«

»Ja, ja«, sagte sie böse, »ich kann deine Liebe an meinen blauen Flecken abzählen. Nein, mein Lieber, noch einmal stimmst du mich nicht um. Ich habe es schon oft genug bereuen müssen. Du bist unausstehlich, du verzogener Pascha.«

Das Gespräch war dann immer hitziger geworden, die beiden waren am Kochen. Schließlich hatte sie Angst bekommen, er könne eine Pistole ziehen und schießen. So hatte sie die Taste gedrückt, die dem Fahrer anzeigte, daß sie bei der nächsten Haltestelle aussteigen wollte. Vorne leuchtete die Schrift »BUS HÄLT« auf, und sie stieg aus. Zwei Stationen zu früh. Lange hatte sie dem Bus nachgesehen. Erst viel später hatte sie die Kälte an der Nase gespürt. Es mußte damals Minusgrade gehabt haben.

So interessant war das Leben, und mit dem Leben meinte sie die Gegenwart, die Zeit, in der sie lebte – die Schule natürlich ausgenommen.

Da riß sie der Pausengong aus ihren Gedanken. Sie blickte um sich und sah das Klassenzimmer, ihre Mitschüler und am Tisch vorn Kraweh, der einige Dinge einsammelte, um zu gehen. Er nahm noch eine Tablette und steckte sie in den Mund. Hernach kam er auf sie zu. Er räusperte sich, bevor er zu sprechen begann. »Martina, wenn du meinst, ich hätte deine Abwesenheit nicht bemerkt, so irrst du dich. Du

warst die ganze Zeit hindurch anderswo. Ich erwarte von dir ein umfassendes Protokoll über all das, was ich in dieser Stunde gesagt habe. Wohlgemerkt, das ist keine Strafe, sondern nur eine willensstärkende Übung zur Erhöhung deiner Aufmerksamkeit.« Danach machte Kraweh kehrt und schritt hocherhobenen Hauptes von dannen.
Martina hätte ja schnell sagen können, daß ihre Mutter im Krankenhaus lag und daß sie deshalb ein wenig durcheinander war. Aber die Mutter war nicht das Problem, das Problem war sie, das wußte sie. Immer wieder hatte sie sich vorgenommen, aufmerksam zu sein. Und immer wieder hatten sich andere Gedanken in ihren Kopf geschlichen und sie mehr beschäftigt als das, was im Unterricht zu hören war.
»Das wird ein böses Ende mit dir nehmen«, äffte Jens den Kraweh nach.
»Da«, sagte Brigitte in Martinas erneute Abwesenheit hinein, »da hast du mein Heft, ich habe so ziemlich alles mitgeschrieben.«
»Oh, danke, wirklich nett von dir.«
Brigitte war die Kleinste in der Klasse, vielleicht auch die Begabteste. Ihr ging alles leicht von der Hand. Sie begriff im Handumdrehen, und sie konnte sich konzentrieren. Sie konnte fast alles. Nur stricken konnte sie nicht.
»Schon gut«, brummte Brigitte und ging auf ihren Platz zurück.
Der Gong schlug an. Die Fünfminutenpause war vorüber.

3

»Bisher alle Befunde negativ!« rief Vater, der am Herd stand und gerade Rahm in die Linsensuppe löffelte. »Sie scheint auch guter Stimmung zu sein. Am Entlassungstag will sie mit einigen Kollegen essen gehen. Sie hat sie eingeladen.«
»Fein«, sagte Martina. »Dann geht es ihr sicher gut.« Sie merkte, daß Vater der Ausgang mit den Kollegen nicht paßte.
»Na ja«, sagte der Vater und rührte die dicke Suppe um, »ich finde, Mutter und ich hätten ja auch einmal miteinander ausgehen können.«
»Das kommt noch, ganz bestimmt.«
»Du weißt doch, wie es dann ist. Da ist sie wieder in ihrem Trott und hat am Abend meist keine Zeit. Oder sie ist einfach zu müde. Übrigens, wir müssen heute noch Brot kaufen, und die Butter geht auch zur Neige. Ich habe auch schon überlegt, was ich morgen kochen soll, aber mir ist nichts eingefallen.«
Da traf Sabine vom Bahnhof her ein. Sie wirkte ziemlich erschöpft.
»Mein Gott, wie siehst denn du aus?« fragte Vater.
»Wie immer, wenn wir Joksch in Mathe hatten«, seufzte Sabine. »Du weißt doch. In dem Augenblick, da Joksch die Tür öffnet, wird das Klassenzimmer zur Aufbahrungshalle eines Beerdigungsinstitutes.«
Martina biß die Lippen aufeinander. Immer wenn Sabine auftauchte, riß sie die Unterhaltung an sich und

machte alle anderen zu Statisten. »Mein Gott«, sagte sie, »jeder hat mal einen Lehrer, der unausstehlich ist. Da muß man nicht gleich eine Tragödie draus machen.«
»Wenn man so aufmerksam ist wie du, kriegt man das meiste sowieso nicht mit. Ich dagegen bekomme alles mit. Wirklich alles. Ein Mann um die Vierzig und äußerst unverheiratet. Hältst du das für normal, Paps?«
»Das kommt auf den Mann an. Vielleicht ist er sehr schüchtern im Umgang mit Frauen. Ich hatte mal einen Kollegen...« Vater unterbrach sich selbst. »Ach, deckt doch bitte den Tisch, Kinder. Wir wollen essen.«
»Hast du gehört«, wandte sich Sabine an Martina. »Paps hat gesagt, du sollst den Tisch decken.«
In Martina begann es zu kochen. »Er hat in der Mehrzahl gesprochen«, sagte sie laut.
»Aber gemeint hat er dich.«
»Also gut, ich decke für ihn und für mich, du kannst dir dein Zeug selber holen.«
»Bist wieder einmal kindisch, wie?«
»Und du größenwahnsinnig, oder?«
»Also, streitet nicht. Nicht vor dem Essen.«
Natürlich war Linsensuppe nicht das, was Sabine erwartet hatte. Sie äußerte sich auch dementsprechend.
»Nun hör mal, du wirst doch meine Superdelikateß-Linsensuppe essen können«, meinte Vater.
»Aber nur ganz wenig, schließlich muß ich auf meine...«
»Halt die Klappe, wir wissen das schon«, zischte Martina, die sich ihren Teller vollschöpfte. Selbst wenn

es sich so anhörte, so war Vaters Linsensuppe wirklich kein Armeleuteessen.

»Der soll mit seinen drei unverheirateten Schwestern zusammenwohnen«, berichtete Sabine weiter. »Was sagt man da?«

»Wer?« fragte Vater, dem die Suppe sichtlich schmeckte.

»Joksch natürlich. Findest du das normal? Da leben vier Geschwister unverheiratet zusammen und –«

»Geschwister können ja nicht heiraten. Du meinst, vier unverheiratete Geschwister leben zusammen«, verbesserte Martina ihre ach so kluge Schwester.

»Das ist doch das gleiche.«

»Nein, ist es nicht«, beharrte Martina.

»Ach, was du davon verstehst«, gab Sabine sauer zurück.

»Sie hat nicht ganz unrecht«, mischte sich Vater ein. »Wenn du sagst, sie leben unverheiratet zusammen, dann heißt das, eigentlich könnten sie heiraten, tun es aber aus irgendeinem Grund nicht. Aber um darauf zurückzukommen, etwas merkwürdig ist das schon, daß gleich vier den Weg der Ehelosigkeit beschreiten. Sind noch andere Geschwister da?«

»Soviel ich weiß, nicht.«

»Dann ist das schon merkwürdig. Vier Geschwister, und keiner heiratet. Apropos merkwürdig! Ich erlebe auch etwas Merkwürdiges.«

»Paps, denk dran, daß du verheiratet bist«, rief Martina.

»Nicht so«, wehrte Vater ab. »Aber im Supermarkt, da haben sie einen neuen Fleischer . . .«

»Und der ist auch nicht verheiratet!« hakte Sabine ein.

»Iwo! Nein, der hält mich für einen anderen, als ich bin. Wie ich zum erstenmal bei ihm einkaufe, fragt er mich, wie ich die Operation überstanden habe. Ich war so überrascht, daß ich gesagt habe: ›Danke, gut.‹ Aber er will mehr wissen. ›Waren sie groß?‹ fragt er mich. ›Groß?‹ frage ich zurück. ›Wer?‹ ›Die Gallensteine‹, sagt er. ›Haben Sie sie mitgekriegt? Nach Hause?‹ ›Nein‹, sage ich, ›die waren so groß, daß sie sie im Krankenhaus behalten haben.‹ Vorige Woche hat er mir einen schönen Gruß bestellt.«
»Von wem?« fragte Sabine.
»Von Herrn Lewandowski.«
»Kennst du den?« wollte Martina wissen.
»Nein, ich kenne ihn nicht, aber ich weiß, daß er Rheuma hat und ein paar Tage im Bett bleiben mußte.«
»Hast du wenigstens jetzt gesagt, daß er dich mit jemandem verwechselt?« fragte Sabine, die nicht mehr aß.
»Nein, ich wollte doch wissen, was noch alles mit Herrn Lewandowski passiert und wie die Geschichte weitergeht.«
»Was hast du ihm gesagt?« fragte Martina streng.
»Ich habe Lewandowski grüßen lassen und ihm gute Besserung gewünscht.«
»Nein!« rief Sabine.
»Doch. Ich bin gespannt, was ich das nächste Mal erfahre.«
Sabine erhob sich. »Ich ziehe mich zurück«, sagte sie.
»Noch ein bißchen Suppe?« fragte Vater seine jüngere Tochter.
»Nur noch einen halben Schöpflöffel voll.«
»Schmeckt sie dir?«

»Ausgezeichnet.«
»Es wären noch einige Sachen zu bügeln, Martina, Kleinigkeiten, machst du das? Ich bin nicht ganz fertig geworden.«
»Na ja, aber warum fragst du nicht auch mal Sabine?«
»Du weißt doch, Maus.«
»Du bist schon komisch, du weißt, daß es falsch ist, sie nichts tun zu lassen, und daß ich es ausbaden muß. Du tust es aber dennoch.«
»Ich will keinen Streit und Ärger haben!«
»Das weiß sie auch, und sie findet es prima so.« Martina wußte, sie ärgerte sich umsonst. Die Rollen waren schon lange so verteilt. Seit damals, als Vater verärgert von der Bank gekommen war, weil man ihn bei der Besetzung des Filialleiterpostens übergangen hatte. Damals hatte Mutter vorgeschlagen: »Gut, dann machen wir auf ›Familie modern‹. Ich schmeiße die Praxis und du den Haushalt, den Telefondienst, die Krankenkassenabrechnungen, die Steuer und so weiter. Thomas, du kannst auf der Stelle kündigen.« Mutter hatte noch auf eine Gleichbehandlung ihrer Töchter geachtet, Vater ließ sich von Sabine einwikkeln. Windelweich wurde er bei ihr.
Da, Sabines Teller stand noch immer auf dem Tisch. Wieder ein Grund, sich zu ärgern. Martina stellte ihren und Vaters Teller in die Spülmaschine. Sabines Teller ließ sie stehen.
»Da steht noch ein Teller«, erinnerte Vater sie.
»Ich weiß«, sagte sie. »Es ist der Teller von Sabine, und den wird sie selber wegräumen. Und ich meine es nur gut mit ihr.« Sie überlegte einen Augenblick. »Weil wir schon dabei sind, Roman läßt du auch viel zuviel durchgehen. Du bist zu gutmütig, du setzt dich

nicht durch. Er ist schon jetzt ein freches Früchtchen.«
»Er ist noch klein«, wandte Vater ein.
»Ja, und er wird größer werden und noch frecher.«
»Wenn Mama wieder daheim ist, werde ich ihr vorschlagen, dich zum pädagogischen Beirat zu ernennen.«
So war Vater immer. Er gab nie zu, daß sie recht hatte, wenn sie ihm Ratschläge erteilte. Er floh in einen Witz und beendete damit das Gespräch. Bevor Martina sich an die Hausaufgaben und das Protokoll für Kraweh machte, rief sie ihre Mutter an.
Schon nach dem ersten Signal wurde der Hörer abgehoben, und Mutter meldete sich. Ihre Stimme klang jung und frisch und nicht ein bißchen krank.
»Hallo, Mama, ich bin's.«
»Hallo, Schatz. Wie war die Englischarbeit?«
»Es ging so.«
»Hast du es geschafft?«
»Ich hab ein ganz gutes Gefühl, Mama, aber wie geht's dir?«
»Ich werde hier verwöhnt, ab und zu pieksen sie mich ein bißchen. Dafür ist das Essen gut. Ich darf mir auf einer Karte aussuchen, was ich gerne möchte . . . Meinst du, daß du eine Drei geschafft hast?«
»Ich hoffe. Du kennst ja Meier, wie penibel der ist. Ich denke, daß ich nicht allzuviel Mist gemacht habe. Ich werde nachher ein bißchen bügeln. Aber was sagen die Ärzte?«
»Ich habe mich wahrscheinlich ein bißchen übernommen, du weißt ja, wie es im Februar und nachher zugegangen ist. Ärzte können es sich nicht leisten, so

zu leben, wie sie es ihren Patienten gerne raten. Was war heute sonst noch los?«
»In der Schule?«
»Natürlich. Wie war's bei Kraweh? Hoffentlich hast du ihm nicht zu sehr gezeigt, daß du ihn nicht magst.«
»Natürlich nicht, Mama. Außerdem mag er mich auch nicht.«
»Was habt ihr denn heute durchgenommen?«
»Ach, so rund um die alten Römer und was wir ihnen alles zu verdanken haben.«
»Begeistert klingt das nicht.«
»Es ist schon so lange her, Mama. Du, ich glaub, ich habe eine Freundin. Brigitte, weißt du, die mit der englischen Mutter, und ihr Vater ist der, der an Mikrochips arbeitet und solchem Zeug. Brigitte hat eine Menge drauf, aber sie ist nicht eingebildet.«
»Fein. Aber jetzt muß ich aufhören, da ist jemand, der will mich in den Po pieksen. Ruf wieder an, ja?«
»Klar, Mama. Tschau.«
Martina legte den Hörer auf, und im gleichen Moment fiel ihr ein, daß sich Sabine nicht nach Mutter erkundigt hatte, nachdem sie heimgekommen war. Der langweilige, unverheiratete Mathelehrer mit seinen drei unverheirateten Schwestern war ihr wichtiger gewesen.

— 4 —

Meier, der Englischlehrer, war klein, quicklebendig und an sich gutmütig. Er konnte auch humorvoll sein, verstand aber nicht den geringsten Spaß, wenn es um sein geliebtes Englisch ging. Wenn er mit den korrigierten Aufsatzheften im Klassenzimmer erschien, schien er eine schwere Last zu tragen. Seine Gesichtszüge deuteten an, daß er nicht begriff, daß manche Schüler Englisch nicht begreifen konnten.
Diesmal war sein Gesichtsausdruck eher düster. So düster, daß Martinas Herzschlag stockte. Ihr Magen verkrampfte sich. Eine Art Lähmung überfiel sie, und eine weinerliche Stimme begann in ihr zu jammern. Mama, ich habe wirklich gelernt für dich, ich habe mich so bemüht, ich habe das Englischbuch unters Kopfkissen gelegt und alles, was ich gesagt habe, nebenher in Englisch gedacht. Ich hätte dir so gerne eine Freude gemacht...
Meier ließ die Hefte austeilen. Kurz traf sein bekümmerter Blick Martina, dann sagte er: »Ich hatte so gehofft, die Durchschnittsnote der Klasse endlich einmal auf eine Zwei vor dem Komma bringen zu können. Leider, es war vergeblich.« Meiers Enttäuschung war echt, er spielte sie nicht, sie bereitete ihm sichtlich Unbehagen.
Also keine Drei, dachte Martina und spürte, wie irgendwer ihre Adern abklemmte. Ihr Heft fiel auf den Tisch. Sie las ihren Namen auf dem Umschlag und die Klasse, und ihre Mutter lag im Krankenhaus und er-

wartete wenigstens eine Drei . . . Martina wagte nicht, das Heft aufzuschlagen und nach der Note zu sehen. Sie bedauerte nicht sich, sondern ihre Mutter. Arme Mama, ich hätte dir so gern eine Freude gemacht.
»Die Durchschnittsnote war drei Komma acht«, hörte sie jetzt. Also waren alle Hoffnungen dahin, ihre persönliche Note war nie besser als der Klassendurchschnitt gewesen.
»Eine einzige Eins«, sagte Meier vorne deprimiert. Und man brauchte nur zu Brigitte hinzusehen, um zu wissen, wer diese einzige Eins bekommen hatte. Sie, Martina, war es nicht. Nie war Martina daheim ihrer Noten wegen gescholten worden. Das hätte sich ja auch noch aushalten lassen. Was sie fertigmachte, war die Traurigkeit, die sie mit ihren Noten bei ihrer Mutter auslöste. Schon als sie auf die Welt kam, hatte sie ihrer Mutter mehr Schmerzen bereitet als die anderen. Sie war in Steißlage auf die Welt gekommen und nicht wie ihre beiden Geschwister mit dem Kopf voran. Martina versuchte ihre Gedanken abzuschütteln und sich auf das zu konzentrieren, was Meier vorne sagte, auf englisch, versteht sich. Aber vergebliche Mühe, sie brachte keine Ordnung in ihre Gedanken. Da war ein wirres Knäuel, das sich mehr und mehr verhedderte, je mehr sie es zu entwirren suchte.
Draußen an der Tafel stand jetzt Brigitte, und Brigitte hatte leicht reden, sie hatte eine englische Mutter. Das war jedoch auch wieder so eine Ausflucht. Martina wußte, daß sie in Englisch nicht besser gewesen wäre, auch wenn sie zehn englische Mütter gehabt hätte.

Aber es nützte nichts, sie mußte endlich das Heft aufschlagen und sich mit ihrer Note vertraut machen. Sie tat es langsam. Seite für Seite. Sie schlich gewissermaßen ihre alten Missetaten entlang. Die Reihe war nicht schön. Vier stand da, dann kam ein Ausrutscher, das war Fünf, dann wieder Vier, und nun wurde es ernst ... Sie wendete vorsichtig das letzte Blatt, als wäre ein Ungeheuer dahinter verborgen. – Drei! Nein, es war keine Sinnestäuschung. Eine Drei stand da! Das Blut schoß ihr in den Kopf, und am liebsten hätte sie laut gejubelt. Nur allzu gerne wäre sie aufgesprungen und ins Sekretariat gerannt, um dort ihre Mutter anzurufen in der Gewißheit, daß ihre Nachricht deren Gesundheitszustand radikal verbessern werde. Mama, ich habe in Englisch eine Drei!
Und Mama würde sagen: Mein Gott, Schatz, wie glücklich du mich damit machst. Ist dir endlich der Knopf aufgegangen, Kind? Du weißt ja, ich erwarte keine Wunderdinge von dir. Ich möchte nur für dich, daß du, ohne hängenzubleiben, durchkommst, dachte Martina weiter.
Wenn Mama nicht studiert hätte und Ärztin geworden wäre, dann stünden wir heute ganz anders da. Papsch hätte weiter in die Bank gehen müssen, obwohl die oben ihr Wort gebrochen und ihn gedemütigt hatten. Der junge Filialleiter, den man ihm vor die Nase gesetzt hatte, hätte Vater deutlich vor Augen geführt, wer in der Filiale das Sagen hatte. Eines Tages hätte Vater mit Sicherheit einen Herzinfarkt bekommen aus Enttäuschung, aus Wut über die vielen Kränkungen, die er von dem jungen Kerl einstecken mußte. Ihre Mutter hatte ein paarmal gesagt, ihre Infarktpatienten hätten kein nennenswertes Überge-

wicht, sie wären nicht überarbeitet, nicht managerkrank; was sie hatten, war eine ungeliebte Beschäftigung in einem grauenhaften Betriebsklima mit ständigen Herabsetzungen, Zurechtweisungen, Kränkungen und Angstzuständen am Feierabend vor dem nächsten Arbeitstag.
Nur weil Mama Ärztin war, konnte Papa seiner Bank leichten Herzens sagen: »Danke, mir reicht's, ich höre auf.« Und von da an hatte er Wäsche gewaschen, Staub gesaugt, die Einkäufe erledigt, den Speisezettel festgelegt, gekocht. Er hatte Telefonate entgegengenommen, Honorare oder Krankenscheine eingestrichen, die Abrechnungen mit den Krankenkassen erledigt und Mama in der Nacht durch die Lande gefahren, weil sie nachtblind war wie nur irgendwer.
»In der Ehe«, hatte Mama einmal gemeint, »ist es nicht wichtig, daß der eine oder der andere das Sagen hat. Ehe ist eine Partnerschaft auf gegenseitige Ergänzung. Wichtig ist, daß der eine die Schwächen des anderen ausbügeln kann. Was nützt mir, zum Beispiel, mein Studium, wenn ich in der Nacht Hilfe bringen soll, und ich kann keine zehn Meter fahren, ohne eine Gartenmauer oder eine Hausecke mitzunehmen?«
Auf die Äußerung der Mutter hatte es Ärger gegeben. Sabine hatte zu ihr, Martina, schnippisch gesagt: »Also, hast du gehört? Du mußt einmal einen sehr gescheiten Mann kriegen, damit ihr euch ergänzen könnt.«
»Und du«, hatte Martina zurückgeschrien, »du mußt einen äußerst bescheidenen Mann suchen, denn arrogant und aufgeblasen bist du für zwei. Mindestens.«

Ding, dong, dong machte der Pausengong, und Martina tauchte auf in die Wirklichkeit des Schulzimmers, Meier sammelte seine Sachen ein, nahm zwei Schularbeitshefte von Schülern, die fehlten, wieder mit und schien sich auf sein Pausenbrot zu freuen.

Gleich wenn sie heimkam, nahm Martina sich vor, würde sie die Mutter im Krankenhaus anrufen und danach sofort Brigitte, um sie zu fragen, ob sie in Englisch eine Hausaufgabe hätten.

5

Mit einem Schlag war das Leben so wie früher. Die Mutter war wieder im Haus, saß mit am Frühstückstisch, ließ sich den Kaffee schmecken, aß zwei kleine Brote dazu, das eine mit magerem Schinken belegt, das andere mit Butter und Marmelade bestrichen. Sie rügte die Faulheit von Sabine und zwang Roman, zumindest sein Geschirr vom Tisch zu räumen. Manchmal streckte sie die Hand über den runden Tisch, um Vaters Hand zu fassen und sie zu drücken. Vater lebte dann auf, er mochte das.
»Hast du irgendeinen Wunsch für heute mittag?« fragte er.
»Mir ist irgendwie nach Fisch«, antwortete Mutter.
Vater wollte es genau wissen. »Seefisch oder Forelle? Ich könnte ja nach Leonhardsbrunn fahren und ganz frische holen.«
»Ist das nicht ein bißchen weit?«
»Ein Katzensprung, acht, neun Kilometer. Und es läßt sich ganz leicht einrichten. Ich bringe dich in die Praxis, dann Roman in den Kindergarten, dann fahre ich zu den Forellen, auf dem Rückweg sehe ich noch in der Gärtnerei vorbei.«
»Wenn du meinst«, sagte Mutter. Und Martina beneidete Vater um den Vormittag, den er vor sich hatte. Erstens mußte er nicht in die Schule, und dann durfte er noch nach Leonhardsbrunn fahren. Ihr gefiel es dort. Zwischen uralten Bäumen stand ein kleines Schlößchen, schon halb verfallen, mit einer Freitrep-

pe zum Arkadengang im ersten Stock. Das Schlößchen stand auf einer Anhöhe dicht vor einem bewaldeten Steilufer, und es hieß, daß man aus dem Keller des Gebäudes in eine Höhle im Steilufer gelangen könne. Vor dem Schlößchen lagen die Forellenbekken, eines neben dem anderen, bis ans Ufer des Flusses hin, der nun reguliert war.
Martina seufzte und machte sich ein Pausenbrot zurecht. Kurz bevor man zu dem »Forellenanwesen« kam, war links von der Zufahrtsstraße eine größere Werkstatt, die Tischlerei Porstinger. Einmal war sie mit Vater dort gewesen und hatte die Männer bei der Arbeit an den verschiedenen Maschinen beobachtet. Was sie beeindruckt hatte, war der Geruch von Holz gewesen, der feine Harzduft, der den großen Raum erfüllte. Während Vater mit Porstinger über ein Bücherregal gesprochen hatte, hatte sie sich ein wenig umgesehen und dabei eine Riesenkiste entdeckt, angefüllt mit schönerem Abfallholz, zu schade, um es zu verbrennen. Ein paar dieser Hölzer hatte sie mitnehmen dürfen. Weiches Fichtenholz, dazu Föhre, Lärche, Buche und Eiche. In den Händen hatte sie die Verschiedenheit der Hölzer gefühlt, ihre Festigkeit und Schwere. Noch heute standen die verschiedenen Hölzer neben ihren Büchern in ihrem Zimmer.
Herr Porstinger hatte einen Lehrling zu ihnen ins Haus geschickt, um die Wand mit den beiden Fenstern für die Bücherstellage auszumessen. Fabian hieß der Bursche, und sie konnte gut mit ihm reden. In der Hälfte der zehnten Klasse war er auf Sand gelaufen und nicht mehr flottgekommen, gab er unumwunden zu. Nein, er war auf dem Gymnasium keine Superleuchte gewesen.

»Du hältst die Schule nur so lange aus, solange du einen Sinn in dieser Veranstaltung siehst«, hatte er gesagt und ihr die Maße der Wand und der Fenster diktiert. Zwischendurch hatten sie immer wieder über die Schule gesprochen.
»Hier eine schöne Bücherwand zu bauen, das ist etwas. Das ist Arbeit, die bleibt. Und was bleibt, das befriedigt dich auch. Du kannst, wenn du die Bretter zurechtsägst, an die Bücher denken, die sie tragen werden. Da fühlst du dich wohl, weil du etwas machst, was gebraucht wird. Verstehst du, etwas machen, was gebraucht wird. Das ist es!«
Sie hatte zustimmend genickt, weil sie es auch so sah. Und außerdem hatte Fabian eine angenehme Stimme. Mit einem Wort, er war ihr sympathisch gewesen. Leider kam bei der Lieferung Herr Porstinger mit, um die Stellage richtig einzubauen, da konnte sie nicht mehr so offen mit Fabian sprechen.
»Was habt ihr denn heute für Fächer?« fragte Mutter, als Martina das Pausenbrot in ihre Schultasche steckte.
Martina seufzte zunächst. »Es ist dieser verkorkste Tag«, sagte sie dann. »Du weißt, er fängt mit Mathe an und hört mit Physik auf. Dazwischen gibt es dann noch Chemie und anderes. Und in Physik wird Herr Holler wieder etwas von Atomkraftwerken sagen, er ist dafür, und mindestens drei Jungen aus der Klasse werden dagegen sein, die wissen eine Menge auf diesem Gebiet, Halbwertzeiten und so.«
»Na ja, dann ist die Stunde bald um, und du bekommst doch eine Menge dabei mit.«
Wenn ich nur was mitbekäme, dachte Martina und verabschiedete sich kurz. Als sie sich auf ihr Rad

schwingen wollte, merkte sie, daß im Hinterrad kaum noch Luft war, und die Pumpe, die sonst immer an ihrem Rad befestigt war, fehlte. Sicher hatte Sabine sie benutzt und dann irgendwo liegenlassen. Sie schoß in der Garage umher und fand die Fahrradpumpe nach langem Suchen auf einem Kanister neben der Tür.
»Dieses Mistvieh bringt es fertig und läßt mir noch die Luft raus«, schimpfte sie, während sie pumpte. Dann klemmte sie die Pumpe an den Fahrradrahmen und fuhr los. Als sie endlich an der Bushaltestelle eintraf, war weit und breit weder ein Bus noch ein Schüler zu sehen.
Zunächst war sie wütend, daß sie zu spät gekommen war, aber dann nahm sie es als Schicksalsschlag hin. Der versäumte Schulbus mußte kein Unglück sein. Es lag an ihr, dem Tag einen Sinn zu geben. Der wieder weich gewordene Hinterreifen machte ihr klar, daß es mit einer Radtour nichts werden konnte. Und Sabine hatte doch nicht die Luft rausgelassen. Sie pumpte daher noch einmal Luft in den defekten Schlauch und radelte, so schnell sie konnte, zur Autowerkstatt, bei der Vater arbeiten ließ. Der Meister hatte schon öfter die Radschläuche wieder dicht machen lassen, und er zeigte auch diesmal Verständnis.
Ja, auch die Schultasche könne sie dalassen, er stellte sie höchstpersönlich in sein Büro.
Kurze Zeit später verließ Martina die Werkstatt mit einem Plastikbeutel, in dem sich das Pausenbrot und ihre Geldbörse befanden, in Richtung Bahnhof. Sie hatte gerade noch Zeit genug, eine Hin- und Rückfahrkarte für Neustadt zu lösen, da lief auch schon der Eilzug ein. Nur wenige Leute stiegen mit ihr in

den fast leeren Zug. Sie hatte den halben Waggon für sich allein und fand es seltsam, daß dieser Zug an diesem Tag immer dann, wenn sie gerade Mathe hatte, durchs Land fuhr. Vorbei an grünen Feldern, an Häusern mit Gärten und blühenden Obstbäumen darin. Hühner scharrten und kratzten in ihren noch hellen Schatten. Sauber gewaschene Wäsche flatterte im Wind, auf Balkongittern hing Bettzeug zum Lüften, vereinzelt stieg bläulichweißer Rauch aus den Schornsteinen. Anderswo wurde Erdreich ausgehoben, Ziegelwände wuchsen empor, Dachbalken krönten die sonnenbeschienenen roten Mauern. Ein Landstrich voller Leben bot sich ihren Augen dar. Es war für sie so ungeheuer wichtig zu erfahren, was alles während der Mathestunde hier geschah.
Der Zug verlangsamte sein Tempo, aus einzelstehenden Häusern wurden Häuserzeilen, die die Hänge hinanstiegen und sich um einen Kirchturm versammelten. Mellingen, der erste Halt. Vor ihrem Fenster auf dem Bahnsteig verabschiedete sich ein Soldat von seinem Mädchen. Sie hing an ihm, umarmte ihn, als wolle sie ihn in sich hineinpressen. Eine ältere Frau mit zwei schweren Koffern war ausgestiegen und wurde von einer jüngeren Frau mit zwei Kindern erwartet. Das Mädchen stand nun allein auf dem Bahnsteig; seine Lippen zitterten, und in den Augen sammelten sich Tränen.
»Wein doch nicht«, sagte der Soldat eine Sitzreihe weiter aus dem Fenster hinaus. »Du weißt ja, was ich dir gesagt habe, und das gilt.«
Sie versuchte ein Lächeln, aber es gelang ihr nicht. Ihre Lippen spielten nicht mit. Dann lief ein Ruck durch den Zug, einen kurzen Augenblick schien es,

als könne die Lokomotive die Waggons nicht in Bewegung setzen, doch dann war der Widerstand überwunden, die Fahrt wurde schneller, der junge Mann in Uniform schloß das Fenster.
Schließlich Neustadt. Ämter und Banken, Schaufenster, Restaurants, Scharen von Leuten mit Plastikbeuteln, die unmißverständlich verkündeten, was der Träger oder die Trägerin bei wem gekauft hatte, und Politessen, die Strafzettel zwischen Windschutzscheibe und Scheibenwischer klemmten.
Martina schlenderte durch die Straßen. In einem engen Gäßchen lockte sie ein altes Haustor an. Ein schöner Mauerbogen krönte das Tor, darüber lag eine Nische, und in der halbrunden Nische, von einer Muschel gekrönt, eine Heiligenfigur, vom Staub und Rauch der Jahre unkenntlich gemacht. Ein Beschützer des Hauses auf jeden Fall, mit der Muschel als Ewigkeitssymbol zu seinen Häupten.
Hinter dem Tor ein dunkler Gang und danach ein Innenhof, sonnenbeschienen, junges Weinlaub, das wie eingefettet glänzte, an den Mauern. Davor Paletten mit fabrikneuen Weinflaschen. Jetzt wehte auch der Weingeruch zu ihr hin. Eine Kellerei also. Sie wagte ein paar Schritte in den dunklen Gang, biß von ihrem Brot ab, ging weiter und tat, als studiere sie die Architektur des Innenhofes. Oben ein Quadrat blauen Himmels, darunter auf drei Seiten Fensterreihen, den Himmel widerspiegelnd, und auf der vierten Seite Arkaden. Ein Stück Italien in einer deutschen Stadt, dachte sie. Plötzlich fühlte sie sich beobachtet. Es war jedoch nur ein Hund. Er lag schläfrig auf dem sonnenbeschienenen Fleck des Hofes und beobachtete sie mit halb zugekniffenen Augen.

»Braver Hund«, sagte sie zu ihm, und er erwiderte ihre Worte mit einem leichten Zucken seines Schwanzes. Sicher hätte ihn ein richtiges Schwanzwedeln zu sehr angestrengt.

Sie ging weiter, gelangte in belebtere Straßen und wurde schließlich vom Schaufenster eines größeren Ladens angezogen. »Raumausstattung« las sie auf dem Mauersims darüber. Hinter der Glasscheibe wurden Wollteppiche gezeigt. Was sie faszinierte, waren die Farben und die dezenten Muster, die Wärme, die sie ausstrahlten. Es tat ihr leid, daß sie daheim nicht auch so einen Teppich hatten. Vorne rechts entdeckte sie ein Schild: »Alle Teppiche von Heimstattweberei, Breitenau«.

Breitenau war ein schmuckes Dorf ganz in ihrer Nähe mit viel Fremdenverkehr. Und wenn sie sich recht erinnerte, hatte Mutter einmal von einem Hausbesuch in einer Teppichweberei berichtet. Wenn Mutter wieder einmal dorthin gerufen wurde, wollte sie unbedingt mit dabei sein, ganz gleich, ob es Tag oder Nacht war. Unerwartet stieg Freude in ihr hoch. Sie sah plötzlich einen Sinn darin, warum der Vormittag diesen Verlauf genommen hatte und keinen anderen. Eine Ahnung beschlich sie, daß dies eine wichtige Stunde war. Sie sah auf ihre Armbanduhr. In der Schule hätte sie jetzt Chemie gehabt.

Als sie weiterging, gelangte sie auf einen kleinen Platz im ältesten Teil von Neustadt. Sie kam gerade recht, um ihre Schwester in Begleitung eines Mannes in einem Café verschwinden zu sehen.

Arme Mama, war Martinas erster Gedanke. Sie mühte sich in der Praxis ab, hatte das Wartezimmer voller

Husten, Kindergeschrei und Nasenschnauben, und ihre beiden Töchter schwänzten die Schule!

Bitte, sie selbst tat dies zum erstenmal. Was sie bei Sabine so erschreckt hatte, war die Selbstverständlichkeit, mit der sie auf das kleine Cafe zugesteuert war. Das hieß, sie kannte es und war schon öfters dagewesen. Ursprünglich hatte sie vorgehabt, ihren Ausflug zu verschweigen. Jetzt nahm sie sich vor, Mutter bei der erstbesten Gelegenheit zu gestehen, was sie getan oder auch unterlassen hatte.

Wenn man den Murks, den man gemacht hatte, Mutter eingestand, konnte sie sehr verständnisvoll und nachsichtig sein. Wenn sie jedoch hinter eine Sache kam, die man ihr verschwiegen hatte, war sie unausstehlich. Selbstverständlich konnte und würde sie Sabine nicht verraten. Nur für den Fall, daß Sabine wieder einmal unausstehlich werden sollte, konnte sie ihr gegenüber durchblicken lassen, was sie wußte. Das einzige, was sie jetzt hoffte, war, daß Sabine auf diesen Kerl nicht hereinfiel.

— 6 —

»Sieh dir das an«, sagte Mutter zu Martina, als sie auf den Hof zufuhren, »ein Riesenbauernhof, der Balkon von Blumen zugedeckt. Insgesamt ein Sinnbild von Stärke, Wohlhabenheit und sich immer wieder erneuernder Lebenskraft. Und drinnen ein Mädchen, besser gesagt ein junge Frau, die kaum einen Schritt außer Haus gehen kann.«
»Gelähmt?«
»Nein, sie hängt an einem Sauerstoffgerät. Ohne Hilfe kann sie kaum atmen, ja im Schlaf vergißt sie es sogar. Die alte Geschichte von zu spät und nicht richtig erkannt. Der Tierarzt kommt hier vor dem Menschenarzt. Ein Wunder bleibt, wie sie es erträgt.«
»Wie alt ist sie?«
»Über Mitte zwanzig. Kannst du dir das vorstellen? Kein Freund, kein Tanz, als Partner ein Gerät, so groß wie eine Waschmaschine, dazu die Angst, daß sie es nicht übersteht, wenn der Kasten einmal streikt. Gut, es sollen neue Geräte kommen, so groß wie ein Handköfferchen, aber die sollen störanfällig sein, und es gibt noch nicht genug Serviceleute, vor allem nicht hier auf dem Land. Dann könnte sie wenigstens eine Weile in den Garten hinaus, ein paar Schritte tun, unter einem Apfelbaum sitzen, ihr Gesicht ein bißchen in die Sonne hängen.« Mutter steuerte auf einen schattigen Platz zu und hielt abrupt. Das Geräusch der blockierenden Reifen auf dem Kies scheuchte ein paar Hühner auseinander. Ein jüngerer Mann er-

schien mit einer Hacke in der Hand um die Hausecke, nickte, sagte etwas und verschwand wieder.
Martina stieg aus dem Wagen und stand eine Weile unentschlossen herum, nachdem ihre Mutter in der Haustür verschwunden war. Dann entschloß sie sich, auch um die Ecke herumzugehen, um zu sehen, was der Mann mit der Hacke trieb. Noch ehe sie um die Ecke bog, roch sie den strengen Geruch frischgesägten Holzes, dann stand sie vor einem Berg von Baumscheiben, die der Mann Stück um Stück zerkleinerte. Ein Mädchen sammelte die zerhackten Scheite in einen flachen Korb und schichtete sie an der Hausmauer auf. Es war Buchenholz, und Martina war ein bißchen stolz darauf, daß sie das wußte.
»Hast du noch so einen Korb?« fragte sie das Mädchen. »Ich helf dir, solange meine Mutter im Haus ist.«
»Ist die Frau Doktor deine Mutter?« fragte das Mädchen, und als Martina nickte, sagte sie: »Dort in der Scheune find'st noch einen Korb.«
Martina ging auf die Scheune zu, deren Torflügel weit offenstanden, und mußte sich darin erst an das Dämmerlicht gewöhnen. Die Scheune war vollgestopft mit allem nicht mehr gebrauchtem Gerät, Pflüge, noch mit Eisenrädern, Saatmaschinen und Heuwender, alles noch aus der Pferdezeit; auf Holzbalken war ein Leiterwagen aufgebockt, die Räder lehnten an der Wand, daneben zwei alte Holzschlitten mit mannshohen Kufen. Früher hatte man das Holz auf ihnen ins Tal gebracht. Auf einem der Schlitten lag ein Korb, wie sie ihn suchte. Bevor Martina hinaus ins Freie trat, stieß sie an ein wackliges, verstaubtes Gestell, dessen Verwendungszweck sie nicht so-

gleich erkannte. Erst als sie wieder draußen in der hellen Nachmittagssonne war, fiel ihr ein, daß es sich bei dem Gestell um einen Webstuhl handeln könnte. Ein Webstuhl, der nicht mehr gebraucht wurde, dachte sie und packte eifrig Scheite in ihren Korb. Ob man den wieder in Gang setzten konnte? Oder war er nur deshalb in der Scheune gelandet, weil er unbrauchbar geworden war?

Nachdem sie den dritten oder vierten Korb zur Hauswand geschleppt hatte, wagte sie nebenhin zu fragen, was dieses klapprige Gestell eigentlich sei.

»Das alte Grafflwerk, das wacklige?« fragte der Mann und ließ die Hacke spitz auf den Hackstock fallen. Er lupfte den Hut, wischte sich mit dem Handrücken den Schweiß von der Stirn und sagte zunächst: »So was kennst du nicht, gelt?«

Martina lud sich einen neuen Korb voll. »Sonst hätt' ich ja nicht gefragt«, sagte sie.

»Weil's ein Webstuhl ist«, sagte der Mann. »Auf dem hat schon meine Urgroßmutter gearbeitet. Früher, weißt, da hat man alles mögliche im Haus selber gemacht. Auch Fleckerlteppiche. In der Stub'n drin ist einer, der ist heute noch gut. Wenn du willst, kannst ihn nachher anschau'n.«

Martina nickte und schleppte wieder Scheite zur Hauswand.

»Weißt schon«, sagte das Bauernmädchen. »Im Kaufhaus in der Stadt kriegst heute schon Fleckerlteppiche für fünf Mark. Klein natürlich, und alle ›Made in China‹. Das steht da drauf. Hast du gewußt, daß die in China Fleckerlteppiche machen?«

Martina hielt es für besser, nein zu sagen.

»Gelt, da staunst«, sagte der Mann, schob seinen vom

Schweiß dunkel gewordenen Hut in die Stirn und begann wieder Holz zu hacken.
Drei Körbe voll mit Scheiten schleppte Martina noch zur Hausmauer, dann erschien die Mutter mit einer älteren Frau.
»Das schöne Holz!« rief die Mutter.
»Ja«, sagte die Bäuerin, »die Stürme im heurigen Frühjahr haben uns die Bäume gleich reihenweis' umgelegt.«
»Kann man vielleicht Brennholz bei euch bekommen?«
»Ja, sicher«, sagte der Mann. »Fichtenholz und Buchenes haben wir auch.«
»Ich werde meinen Mann herschicken, der weiß, was wir für den Kachelofen brauchen.«
»Komm, ich zeig dir was«, sagte Martina zu ihrer Mutter. Sie nahm ihre Mutter an der Hand und führte sie an die Scheunentür. Dort wies sie auf das schiefe Gestell und erklärte: »Ein Webstuhl. Frag bitte, was sie dafür verlangen.«
»Für den Webstuhl?« fragte die Mutter und schien besorgt. »Was willst du denn mit einem Webstuhl anfangen?«
»Reaktivieren«, antwortete Martina. »Bitte, Mama.«
»Also«, sagte die Mutter, als sie wieder bei den anderen am Hackstock waren, »also, ich schicke meinen Mann her, und ich komme nächste Woche wieder.« Schon im Gehen, als ob es ihr erst jetzt einfiele, wandte sie sich um. »Noch etwas, webt noch einer bei euch?«
Sie erntete Kopfschütteln, und die Bäuerin sagte: »Meine Mutter, die hat noch. Wunderschöne Sachen hat die gemacht. Aber wir, nein, wir nimmer.«

»Der Webstuhl in der Scheune ist sicher nicht mehr recht zu gebrauchen?«
Das wußten sie nicht, der stand schon lang in der Scheune. »Unsereins ist nicht so schnell mit dem Fortwerfen«, sagte die Bäuerin. »Was nimmer gebraucht wird, heben wir auf.«
»Aber das Zeug wird in der Scheune nicht besser, könnte man den Webstuhl nicht haben? Ich bezahle ihn natürlich.«
Die Frau Doktor konnte den Webstuhl haben, man schämte sich, dafür etwas zu verlangen. »Das alte Graffl«, sagte der Mann, der wohl der Sohn der Bäuerin war. Aber er nahm die zwei Scheine, die ihm die Frau Doktor in die Hand drückte.
Martina war selig. Im Auto umarmte sie die Mutter und küßte sie ab. »Danke, Mama«, rief sie, »du bist wirklich Klasse.«
»Wenn ich nur wüßte, was dir an dem alten Zeug so gefällt«, sagte Mutter. »Sind ein paar besonders schöne Holzbalken dabei, für die du Verwendung hast?«
»Aber nein!« rief Martina. »Ich will sehen, ob ich noch etwas damit anfangen kann.«
»Was anfangen?«
»Weben!«
»Du willst dieses Monstrum aufstellen? Darf ich dich, bitte, fragen, wo?«
»Im Keller.«
»Und wo bekomme ich Keller für die anderen beiden her, falls die auch Webstühle aufstellen wollen?«
»Die wollen bestimmt keine Webstühle, und ich, ich will es doch nur versuchen.«
Mutter schwieg. Sie dachte an Gespräche mit Martinas Lehrern. Sie alle, ob Frau oder Mann, mochten

sie. Aber sie fragten sich, ob Martina in der richtigen Schule war. Ja, sie fragten sich noch mehr, ob es für Martina überhaupt die richtige Schule gab.

»O Kind!« sagte Mutter nur abschließend, und das sagte sie immer, wenn sie sich mit etwas abgefunden hatte, das sie kurz vorher noch am liebsten abgelehnt hätte.

»Was haben wir noch auf der Liste?« Martina las vier Namen herunter.

»Na«, sagte Mutter, »bei denen bin ich sicher, daß sie wenigstens keine alten Webstühle haben.« Der erste Name, Iris Walter, gehörte einer jungen Mutter, noch lange nicht zwanzig Jahre alt, die bei ihren Eltern wohnte.

»Und der Vater?« fragte Martina.

»Der hat die Flucht vor seiner Verantwortung ergriffen. Ich glaube, er will nächstes Jahr sein Abitur machen. Na, besser, er ist weg, als die beiden würden gezwungen, zu heiraten.«

»Und was sagen die Eltern von dem Mädchen?«

»Sie sind eigentlich der Grund, warum ich hinfahre. Da kann ich ihnen ins Gewissen reden. Das Schlimme ist, daß viele Eltern nicht richtig aufklären und vergessen, wie sie selbst als junge Menschen waren. Wenn dann so etwas geschieht, waren sie alle zunächst einmal die reinsten Säulenheiligen. Martina, in diesem Zusammenhang noch einmal: Du weißt, wir haben darüber gesprochen, du kannst jederzeit zu mir kommen. Es ist besser, du kommst vorher als nachher. Es muß nicht zu solch einer Situation kommen wie bei diesem Mädchen. Sie ist zu früh schwanger geworden.«

Martina nickte nur. Sie dachte an Sabine, verdrängte

jedoch den Gedanken. »Darf ich das Baby sehen?« fragte sie, als sie in der Siedlungsstraße hielten.
»Ich werde fragen und ruf dich dann.«
Martina blieb am Zaun stehen und betrachtete den Vorgarten. Eine Blaufichte, fälschlicherweise als Blautanne bezeichnet, kurzgeschorenes Gras, ein betoniertes Wasserbecken mit zwei trübsinnigen Goldfischen, neben dem Weg zum Haus eine Rosenrabatte ohne den geringsten Anhauch von Unkraut. Links vorn ein Wacholderstrauch, die neuen Triebe waren gelb, dahinter ein japanischer Fächerahorn. Im Rasen kein einziges Gänseblümchen, geschweige denn ein Löwenzahn.
Fast wie ein Friedhof, dachte Martina, und alles so sauber wie im Krankenhaus. Der Rasen ödete die Silberfichte an, die wiederum den Rasen, der flach wachsende Wacholder schien sich mit dem Ahorn nicht zu vertragen.
Nach einer Weile wurde ein Fenster geöffnet, und ihre Mutter rief sie ins Haus.
Martina stieg die Treppe hinauf und prallte vor dem spiegelblanken Fußboden in der Diele zurück. »Soll ich die Schuhe ausziehen?« fragte sie unwillkürlich.
Die Frau betrachtete eine Weile die Schuhe und sagte nur: »Komm herein.«
Im Wohnzimmer stand der Hausherr und grüßte nur knapp.
Mutter fragte gerade die junge Mutter: »Schläft es die Nacht durch, Iris?«
Das Mädchen nickte.
Dann sagte Mutter laut: »Komm, Martina, schau dir das Enkelkind an, das diese jungen Großeltern hier bekommen haben.«

Der Großvater räusperte sich, die Großmutter wandte sich ab und wischte sich die Augen.
Martina trat vorsichtig näher, reichte dem verschüchterten Mädchen die Hand und sagte: »Herzlichen Glückwunsch.«
Das Mädchen wurde rot, der Opa räusperte sich wieder, und die Oma holte ihr Taschentuch hervor und schluchzte auf.
Martina streichelte mit dem rechten Zeigefinger das Kinn des Babys, das daraufhin ein Lächeln versuchte. »Wie heißt es denn?« fragte sie interessiert.
»Anna«, sagte das Mädchen, »Anna Katharina.«
»Schöne Namen«, sagte Martina.
»Na, was sagst du zu diesem Kind?« fragte die Mutter Martina.
»Sieht ganz goldig aus«, sagte Martina. »Fast wie unser Roman, als er noch so klein war.«
»Das ist mein Jüngster«, berichtete die Mutter nicht ohne Stolz den Eltern der jungen Mutter. »Martina hier ist die Mittlere, und dann haben wir noch eine Sabine daheim.«
»War es schwer für dich?« fragte Martina.
»Die Entbindung nicht«, antwortete das Mädchen. »Vor der habe ich mich am meisten gefürchtet. Aber die Hebamme und die Ärztin waren sehr nett und lieb.«
»Die werden dafür auch bezahlt«, brummte der Großvater.
»Moment mal!« fuhr da Mutter dazwischen. »Ich habe Ihre Iris ja auch im Krankenhaus besucht. Die Hebamme, die Ärzte, bis hinunter zur letzten Schwester waren nicht lieb und nett zu Iris, weil sie dafür bezahlt wurden, sondern weil sie Iris respektiert haben,

weil sie sie einfach liebgewonnen haben, und deshalb sollten Sie mit Ihrem Stolz auf Ihre Tochter ruhig ein bißchen mehr herauskommen. Ich seh's Ihnen doch an, daß Sie im Grund stolz auf sie und diesen Winzling sind.«
»Sie hätte noch viel Zeit gehabt«, widersprach der Mann.
»Hätte sie, aber nun ist das Kind geboren, sie stillt es, sie sorgt für das Kind, was wollen Sie? Oder haben Sie irgendwelche Einwände wegen der Moral?«
»Nun ja...«, sagte der Mann zögernd, kam aber nicht weiter.
»Ich habe eher anderswo Einwände«, sagte die Mutter. »Bei jungen Ehepaaren zum Beispiel, die erst eine voll eingerichtete Wohnung haben müssen, bitte, ist noch einzusehen, aber muß zuerst ein Videogerät, ein flotter Flitzer und all das her? Zum Schluß dann noch ein Urlaub auf den Seychellen oder in der Karibik, damit man vorher ja auf nichts verzichten mußte? Meinem Mann und mir hat vor allem am Anfang auch noch viel gefehlt. Aber meine Kinder sind gekommen, wie sie eben gekommen sind. Iris, ich muß übrigens noch einmal daheim nachsehen, sicher ist bei mir noch einiges zu finden, was du für das Baby brauchen kannst.«
Sie tätschelte Iris die Wangen und sagte zu dem jungen Großvater: »Seien Sie lieb zu Ihrer Tochter, sie braucht es.«
Draußen im Wagen sagte Martina: »Du warst große Klasse, Mama. Echt Spitze.«
»Was mich aufregt, ist diese Heuchelei. Ich weiß doch, daß sie Iris schon fünf Monate nach der Hochzeit bekommen haben. Da könnte man ein bißchen

toleranter sein. Unsere Sabine war auch ein Siebenmonatskind.«
»Wirklich?«
»Klar doch. Mein Gott, warum vergessen die Erwachsenen so schnell, daß sie jung waren.«

— 7 —

Waren Einbrecher im Haus? Zertrümmerten sie die Haustür? Es war einer dieser Alpträume, in denen die Angst die Stimme raubt und das Atmen erstickt. Das Unheil war nicht aufzuhalten, die Haustür schon geborsten, und jetzt drangen sie ins Haus ein...
Martina fuhr in ihrem Bett hoch. Es war tatsächlich jemand an der Haustür. Gleichzeitig merkte sie, daß blaue Blitze durchs Zimmer zuckten. Sie rannte zum Fenster und sah zwei Autos vor dem Zaun auf der Straße. Das eine war ein dunkler Privatwagen, das andere hatte Blaulicht auf dem Dach. Im Garten erkannte sie eine weiße Polizeimütze.
Martina rannte im Nachthemd zum Elternschlafzimmer, dessen Fenster nach hinten in den Garten hinausgingen. Sie riß, ohne zu überlegen, die Tür auf und rief: »Mama, schnell. Offensichtlich ein Notfall, die Polizei ist mit Blaulicht da.«
Mutter war als erste wach. »Blaulicht?« fragte sie. »Wieso? Wieso wissen die...?«
»Soll ich hinunterlaufen und aufmachen? Sie schlagen uns sonst noch die Tür ein.«
»Ist gut, mach auf. Sag, ich bin sofort unten.«
»Was ist los?« hörte Martina Vater fragen, als sie schon auf der Treppe war. Sie hatte das Gefühl zu fliegen, so schnell war sie an der Tür.
»Wer ist da?« fragte sie vorsichtshalber, ehe sie aufschloß.

»Polizei mit einem Notfall«, antwortete draußen eine Männerstimme. Und obwohl das jeder sagen konnte, beruhigte sie das. Sie schaltete das Außenlicht an, drehte den Schlüssel zweimal im Schloß und öffnete die schwere Tür. Ihr gegenüber stand ein junger Polizist und deutete auf einen Mann, der neben der Tür an der Mauer lehnte und vor Schmerzen stöhnte. Sein Gesicht war leichenblaß.
»Er hat uns gesagt, daß er eine Nierenkolik hat.«
»Bringen Sie ihn herein«, sagte Martina und lief ins Wohnzimmer voraus, um Licht zu machen. Nierenkoliken waren sehr schmerzhaft, das wußte sie. Deshalb rief sie in den ersten Stock hinauf: »Mama, Nierenkolik!«
»Ich komme«, rief die Mutter und war kurz darauf mit ihrem Notfallkoffer und im Morgenmantel beim Patienten.
»Kaffee?« fragte Martina den Polizisten.
»Ja, mach eine Kanne voll, und Tee für den Patienten auch«, sagte Mutter, ohne die Antwort des Polizisten abzuwarten.
Jetzt kam auch der zweite Polizist ins Haus, grüßte und starrte Martina an. Da merkte sie erst, daß sie noch immer im Nachthemd war. Sie rannte nach oben, zog ihren Jogginganzug an und roch schon auf der Treppe, daß die Kaffeemaschine ihre Arbeit tat. Die beiden Polizisten standen in der Küche und warteten offenbar auf sie.
»Kommt so etwas oft vor?« fragte der erste Polizist Martina, und sie wußte, daß er die nächtliche Störung meinte.
»Mhm«, machte sie. »Entweder es zertrümmert uns jemand die Tür, oder das Telefon plärrt uns aus dem

Schlaf, und meine Mutter muß mit dem Wagen irgendwohin, weit bis ...«

»... an den Arsch der Welt«, setzte der zweite Polizist den Satz in seinem Sinn fort.

»Hans-Karl!« rief der andere, der ein wenig älter war, streng.

»Entschuldigung«, sagte Hans-Karl, »aber, weil's wahr ist ....«

Da ging die Tür auf, und Vater erschien in der Küche.

»Guten Abend«, sagte er. »Oder ist es schon Morgen?«

»Zwei durch«, sagte Hans-Karl.

»Dann guten Morgen.« Und zu Martina gewandt fragte er: »Was ist los? Kriegen wir ein Kind?«

»Keine Sorge. Nierenkolik.«

»Tut verdammt weh«, sagte Vater.

»Er fiel uns auf, wie er gefahren ist«, berichtete der Polizist, der Werner hieß. »Der ist nur so dahingeschlichen, zwischen dreißig und fünfzig. Zuerst dachten wir, der hat was am Motor oder so ...«

»Und dann dachten wir«, fuhr Hans-Karl fort, »der ist stockbesoffen. Da schalteten wir etwa hundert Meter hinter ihm unser Blaulicht ein. Er hat sofort gebremst und die Warnblinkleuchte angemacht.«

»War schon ein komisches Gefühl, als wir hinter ihm standen«, meinte Werner. »Heutzutage weiß man ja nicht, hat er was oder ist's ein Hinterhalt. Während wir noch überlegten, wer zum Wagen vorgeht und wer Feuerschutz gibt, haben wir ihn stöhnen gehört.«

»Das war tierisch. Mensch, muß das weh getan haben.«

»Ja, ja, das tut verteufelt weh«, bestätigte Vater. »Gut,

daß Sie ihn hergebracht haben.« Er ging hinüber ins Wohnzimmer, um nachzusehen. Als er wiederkam, goß Martina Kaffee in die Tassen. Vater sagte: »Gott sei Dank, die Schmerzen lassen nach. Entschuldigung, ich muß seine Frau anrufen.«
Die Polizisten griffen nach ihren Tassen.
»Mhm! Das ist vielleicht ein Kaffee!« rief Hans-Karl nach dem ersten Schluck. »Riecht wie Ferien und schmeckt wie Urlaub. Hat der ein Aroma! Was ist denn das für einer?«
Martina nannte die Marke.
»Kenn ich«, sagte Hans-Karl. »Meine Schwester hat einen Anwalt geheiratet, der schwört auf den.«
»Ist eine Premiumsorte«, sagte der andere.
»Ja, genau. Nur leisten sollte man sich den können. Ich meine, täglich.«
»Mußt halt ein paar Tassen weniger pro Tag trinken, Hans-Karl.«
Draußen im Flur telefonierte Vater noch immer mit der Frau des Patienten, da erschien Mutter in der Küche. »Die barmherzigen Samariter«, sagte sie, als sie die beiden Polizisten mit den Kaffeetassen in der Hand sah. »Wie haben Sie überhaupt erkannt, daß er Hilfe braucht?«
Martina hörte die Geschichte Wort für Wort bis zum Stöhnen noch einmal.
Mutter setzte sich an den Küchentisch und rührte gedankenverloren in ihrer Kaffeetasse um. Das tat sie oft, wenn sie etwas überlegte.
»Glauben Sie, daß er weiterfahren kann?« fragte der erste Polizist.
»Er hat sich auf der Sitzbank ein bißchen hingestreckt. Rufst du seine Frau noch einmal an, Tho-

mas? Es wird länger dauern, möglicherweise muß er auch in eine Klinik.«
»Das heißt, wir können weiter?«
»Wenn Sie nicht noch eine Tasse Kaffee trinken wollen. Martina, schenk den Herren nach.«
Von draußen hörte man wieder Vaters Stimme am Telefon. Es hörte sich an, als habe er es mit einer sehr besorgten Frau zu tun.
Als die Polizei gegangen war, steckte Vater den Kopf noch kurz in die Küche. »Wie ist das mit Schlafen, Lina?« fragte er seine Frau.
»Geh du zu Bett«, schlug Mutter vor, »du mußt ja gleich am Morgen Auto fahren. Und du, Martina, schmeißt dich auch wieder in die Falle.«
»Also«, sagte Vater, »ich laß mir das nicht zweimal sagen. Bleib du nicht zu lange auf, Schatz, du brauchst den Schlaf auch.«
Als Martina und ihre Mutter allein waren, schaute diese noch einmal nach dem Patienten. »Er schläft«, sagte sie zufrieden, als sie zurückkehrte. Sie setzte sich noch einmal an den Tisch und ließ sich Kaffee nachgießen. Martina betrachtete ihre Mutter sehr genau. Sie wirkte erschöpft und erledigt.
»Im Krankenhaus haben wir bei solchen Gelegenheiten nachher immer eine geraucht. Siehst du mal in der Diele beim Telefontischchen nach, ob in der linken Lade noch eine Packung ist?«
Es war noch eine unversehrte Packung da. Mutter öffnete sie hastig, klopfte sich eine Zigarette heraus und genoß sichtlich den ersten Zug. »Willst du nicht ins Bett, Schatz?«
Martina schüttelte leicht den Kopf. Sie genoß es, mit ihrer Mutter allein zu sein.

»So beschissen das ist, Schatz, daß man immer wieder aus dem Schlaf gerissen wird, so hat das doch auch eine schöne Seite. Es wird einem bewußt, daß man sich den richtigen Beruf ausgesucht hat. Man wird gebraucht. Ist noch Kaffee da?«
»Dann kannst du nachher nicht schlafen, Mama.«
»Ich kann immer schlafen. Ich bin in dem Moment weg, in dem ich flach liege.«
»Du siehst so müde aus, Mama.«
»Bin ich auch, aber jetzt möchte ich hier sitzen und spüren, daß es Nacht ist und daß ich zu den wenigen gehöre, die um diese Zeit wach sind. Das hat mir immer viel gegeben.«
Je mehr die Mutter sprach, um so blasser wurde sie im Gesicht. Die Ringe unter den Augen wurden immer größer. War ihr Gesicht vorher noch das einer aus dem Schlaf gerissenen Frau über vierzig gewesen, so sah sie jetzt richtig alt aus. Zum erstenmal sah Martina ihre Mutter so, und zugleich meldeten sich tausend Ängste. Hatte sie die Wahrheit über das gesagt, was man im Krankenhaus gefunden oder nicht gefunden hatte? Schleppte sie ein Geheimnis mit sich herum, verschwieg sie eine furchtbare Krankheit?
»Mama, ist dir nicht gut?«
»Warum fragst du mich das knapp vor drei?«
»Weil du so blaß bist.«
»Schau mich nicht so genau an, Kind. Merke dir, Frauen über vierzig sollte man nur dann genau ansehen, wenn sie richtig ausgeschlafen sind. Alles andere ist nicht fair.« Sie versuchte ein Lächeln, fragte dann aber: »Ist Sabine eigentlich aufgewacht? Oder Roman?«

»Nein, die haben sich nicht gerührt. Komm, jetzt gehen wir auch.«
Als sie aufstand, klopfte es an die Küchentür. Es war der Mann mit der Kolik. »Ich glaube, ich könnte jetzt weiterfahren.«
»Ist Ihnen danach, oder wollen Sie nur nicht stören?« fragte Mutter.
»Nein, ich wäre gern daheim, Frau Doktor.«
»Aber sie gehen zum Urologen, das versprechen Sie mir.«
»Hoch und heilig, Frau Doktor, und vielen Dank.«
Mutter nickte nur. Martina lief in den Flur und öffnete die Haustür. Als sie in die Küche zurückkehrte, winkte Mutter sie zu sich heran. »Du bist mir eine echte Hilfe«, sagte sie und drückte sie an sich.
»Hör auf!«
»Nein, nein, wirklich, du bist eine Hilfe. Du warst schon als kleines Kind so ... brauchbar.«
»Du übertreibst, Mama.«
»Nein«, sagte Mutter und dann: »Drei Uhr durch, schlaf dich am Morgen aus. Ich werde dir eine Entschuldigung für die Schule schreiben. Nicht diese ewigen Menstruationsbeschwerden, sondern ›Meine Tochter hatte – wie ich – durch einen Notfall eine anhaltend gestörte Nachtruhe.‹« Sie stand auf und ging zum Lichtschalter an der Tür. »Du knipst das Licht an der Treppe an, und ich mache es hier aus«, sagte sie.
Martina ging auf den dunklen Flur und hörte ein Knacken auf der Treppe. Sie erschrak zutiefst, weil sie dachte, der Mann mit der Nierenkolik sei zurückgekehrt und schleiche im Haus herum. Raffiniert, dachte sie, läßt sich von der Polizei ins Haus bringen

und beginnt seine Arbeit, wenn die Polizei abgedampft ist. Endlich hatte sie den Lichtschalter erreicht und knipste ihn an. Dann schrie sie vor Schreck auf. Oben, auf dem Treppenabsatz, stand Sabine, die sich offensichtlich eben erst ins Haus geschlichen hatte, und starrte sie mit weit aufgerissenen Augen an.

Mutter verschlug es nur einen Wimpernschlag lang die Sprache. »Daß du jetzt erst nach Hause kommst«, sagte sie mit großer Selbstbeherrschung, »dafür gibt es sicher einen Grund, und den möchte ich nicht wissen. Daß du dich aber hinter Papas und meinem Rücken aus dem Haus gestohlen hast, das nehme ich dir übel, sehr übel. Ich verlange von dir morgen zum Frühstück eine Erklärung, was wir beide verbrochen haben, daß du uns so hintergehen mußtest.«

8

Eines war klar, Vater merkte nicht, was jeden Tag augenfälliger wurde. Mutter ging es nicht gut. Und das konnte nur daran liegen, daß sie sich überarbeitete. Vater lebte irgendwo neben der Realität einher. Daß er immer Neues von Herrn Lewandowski erfuhr, amüsierte ihn. Er führte den Haushalt und sorgte dafür, daß nichts von dem ausging, was man täglich brauchte. Er konnte sich grün und blau ärgern, wenn einmal das Toilettenpapier alle war. Dann schimpfte er länger als nötig. »Wer hat die letzte Rolle aus der Vorratskammer geholt?« wollte er wissen. Und »Wie oft habe ich gesagt, wer das letzte Ding nimmt, ob das nun eine Kondensmilchbüchse oder ein Suppenwürfel oder diese verdammte Rolle ist, der soll mir das sagen oder es auf den Bestellblock schreiben.«

Nach wie vor drückte er bei Roman ein Auge zu und bei Sabine oft beide, bis der Brief aus der Schule kam. Nicht nur, daß die Prognose für das Jahreszeugnis tiefschwarz war. Sabine war dreimal dem Unterricht unentschuldigt ferngeblieben. Außerdem hatte sie des öfteren unter fadenscheinigen Vorwänden die Schule vor Unterrichtsschluß verlassen.

Jetzt tobte Vater, da war er zum Fürchten. Als Mama Sabine jedoch zur Rede stellen wollte, war er bereits ihr Verteidiger. Künstlerisch begabte Menschen seien eben immer gefährdeter als die ganz normalen Alltagsmenschen, wandte er ein.

Mutter sagte nur: »Nein, ich habe es ihr zweimal angedroht, jetzt mache ich Ernst.«
Ergebnis: Sabine landete in einem strengen, leider aber auch sehr teuren Schweizer Internat. Es war nicht so, daß die Mädchen dort eingesperrt waren. Sie durften ausgehen, allerdings nur mit mindestens zwei anderen Mädchen. Nur wenn sie auf die Minute genau ins Internat zurückkehrten, konnten sie auf weitere Ausgänge hoffen. Wer glaubte, die anderen aus den Augen verlieren oder verspätet zurückkehren zu dürfen, sah einen Monat lang nur die Innenwände des Schulinternats. »Tapetenstudium« hieß das im Sprachgebrauch der Mädchen.
Martina empfand keine Schadenfreude über den Weggang Sabines. Vor allem deswegen, weil sie das Gefühl nicht loswurde, daß Mutter unter den veränderten Gegebenheiten mehr litt als Sabine. Wenn Mutter wie geistesabwesend am Mittagstisch saß, sagte Vater oft zu ihr: »Denk nicht ohne Unterbrechung an Sabine. Es war dein Entschluß, sie dorthin zu bringen. Sie hat es am Neuchâteler See – wie wir gesehen haben – sehr schön, außerdem wird sie von dort ein sehr gutes Französisch mit nach Hause bringen.«
»Ich versuche nur immer wieder, den Zeitpunkt herauszufinden, von dem an die Entwicklung falsch gelaufen ist«, erwiderte Mutter.
»Ich bitte dich, laß das, das schaffst du nicht. Es sind dort eine Menge Arzt- und Rechtsanwaltstöchter, mit denen man offensichtlich daheim nicht fertig geworden ist. Und sie kommen aus aller Herren Länder.«
»Daß es anderen Eltern genauso gegangen ist wie

uns, enthebt mich nicht der Pflicht, mein eigenes Gewissen zu erforschen.«
Meist fiel Vater darauf nichts anderes ein, als eine Neuigkeit von Herrn Lewandowski zu berichten, die ihm der Fleischer im Supermarkt zugesteckt hatte. Herr Lewandowski wollte sich aus dem Geschäftsleben zurückziehen, hatte Vater erfahren, er wollte seinen Betrieb verkaufen.
»Sehr interessant«, sagte Mutter. »Was verlangt er denn?«
»Ich habe nicht gefragt«, gestand Vater. »Aber es soll eine Mezie, also ein gutes Geschäft sein.«
»Und was erzeugt er in seinem Betrieb?«
»Spezielle Einrichtungsdinge, die man in Fleischergeschäften braucht, Verkaufstheken, Hackstöcke, Grillapparate verschiedener Größe und die vollkommene Einrichtung für Imbißecken, die ja laufend zunehmen.«
Martina merkte es genau. Mutter tat nur so, als amüsierte sie sich. In Wirklichkeit war sie mit den Gedanken anderswo. Kam nach dem Mittagessen der Kaffee auf den Tisch, war sie manchmal eingenickt und erschrak, wenn man sie weckte.
Nicht, daß Vater einfach darüber hinweggegangen wäre, er war echt besorgt. Aber dann wischte er förmlich die Kummerfalten aus seinem Gesicht und machte irgendeinen belanglosen Scherz. Und dann war Vater nach wie vor zu nachsichtig mit Roman. Roman, der jetzt schon zur Schule ging, vertrödelte sich oft beim Heimkommen. Alles, was *er* brauchte, mußte postwendend erledigt werden. Wurde er hingegen zur Mithilfe gebeten, hatte er prinzipiell keine Zeit, mußte Wichtigeres tun oder eben das Haus ver-

lassen. Brauchte Roman etwas von Vater, dann ließ dieser das Putztuch, die Zeitung oder ein Buch fallen und führte die gewünschte Arbeit sofort aus. Ganz gleich, ob es darum ging, eine verklemmte Jalousie wieder in Ordnung zu bringen, den Kontakt bei der Tischlampe zu überprüfen oder das Kippfenster, das kaum noch in seinen Angeln hing, wieder auf Vordermann zu bringen. Martina hatte Vater schon ein dutzendmal gebeten, sich des Webstuhls anzunehmen, an dem einige Kleinigkeiten fehlten. Vergeblich. Vater hatte dann immer etwas besonders Wichtiges oder schon lange Aufgeschobenes zu erledigen. Und sie stand wieder einmal ratlos vor dem wackligen Gestell.
Blieb noch die Schule, um gänzlich niedergedrückt zu sein. Obwohl sie sich abmühte, während des Unterrichts nicht in ferne Kontinente oder gar Galaxien abzuwandern, war und blieb ihre beste Note die Drei. Besser war nichts, nicht einmal Turnen. Schlechter einiges, vor allem Mathe, Physik und Chemie. Hier war sie am Rande des Absturzes, sah sie in das glühende Auge des Vulkans. Immer wenn sie in diesen Fächern eine Note angelte, die ganz und gar nicht den Vorstellungen oder Hoffnungen ihrer Mutter entsprach, fuhr sie bedrückt nach Hause. Arme Mama, dachte sie die ganze Zeit. Arme, arme Mama. – Und sie fürchtete sich vor dem Augenblick, da ihre Mutter sie fragen würde. Fürchtete sich davor, sie wieder einmal zu enttäuschen.
Was für ein Glück, daß Frau Polt, die die Praxisräume saubermachte, sich beim Radfahren die Hand gebrochen hatte. Ersatz war nicht so schnell aufzutreiben. »Ich mache das!« rief Martina vorschnell. Mutter freu-

te sich zwar über die spontane Hilfsbereitschaft ihrer Tochter, gleichzeitig war jedoch ihr Mißtrauen geweckt.
»Ist irgend etwas?« fragte sie.
»Nein«, log Martina. »Wann soll ich in der Praxis sein?«
»Kurz nach sechs, wie Frau Polt.«
Fünf vor sechs fuhr sie von daheim mit dem Rad los, und um Punkt sechs stand sie vor der Praxis. Ein alter Bauer verließ eben das Haus und zog den Hut vor ihr, ehe er mit zittrigen Knien die fünf Stufen zum Vorgartenweg hinunterstieg.
Christina, die Sprechstundenhilfe, saß an ihrem Tisch und telefonierte. Ihr Gesprächspartner war kein Patient, sondern jemand, mit dem sie am Abend ausgehen wollte. Sie unterbrach das Gespräch und meldete Martina, daß die Mutter noch eine Patientin im Sprechzimmer habe, das Wartezimmer sei aber schon frei.
Martina wußte, hier waren zunächst einmal die Fenster zu öffnen, dann mußte der Flur gesäubert werden, nach und nach dann alle Zimmer. Das Behandlungszimmer war noch immer blockiert.
»Wer ist denn da drinnen?« fragte sie Christina.
»Eine junge Frau. Sie ist zum erstenmal bei uns. Tja, Kindchen, ich gehe jetzt. Die Liste mit den Hausbesuchen liegt auf dem Tisch. Vorläufig sind es drei. Zwei andere Leute habe ich dazu überredet, morgen in die Praxis zu kommen.« Etwas später ging die neue Patientin. Es schien, als hätte sie geweint.
»Du kannst reinkommen«, sagte Mutter. Sie trug noch den weißen Mantel und wirkte deshalb etwas fremd.
»Schalt nicht den Staubsauger ein, sondern wisch

den Fußboden nur feucht. Aber nicht zu naß, weißt du.« Mutter streifte den Mantel ab, hängte ihn über einen Kleiderbügel und wusch sich sorgfältig die Hände.
»Man müßte viel mehr Zeit haben«, begann sie zu sprechen. »Viel mehr Zeit, um mit den Menschen zu reden. Wenn wir mehr miteinander redeten, könnten wir uns viel Geld für Medikamente ersparen. Glaube mir, wir wären gesünder. Nimm nur Sabine. Ich hätte viel mehr mit ihr reden müssen, und sie mit mir. Dann würde ich nicht jede Woche diese öden Briefe wie diesen hier von ihr bekommen.« Sie wies mit dem Kopf zum Tisch, auf dem ein Brief lag. Martina kannte die Briefe. Graues Umweltpapier mit dem ewig gleichen Text, nur das Datum unterschied einen Brief vom anderen. Auf dem Umschlag stand immer nur: »Praxis Dr. Lina Wengen.« Das Wort Frau versagte sie ihrer Mutter. Und der Text lautete:
Meine Lieben,
pflichtgemäß teile ich Euch mit, daß es mir ausgezeichnet geht. Das Essen ist wunderbar, mit dem Taschengeld komme ich aus. Mir ist auch nie langweilig. Auch Heimweh habe ich nicht.
Ich wünsche Euch, daß es Euch so gut geht wie mir!
Sabine
(Tochter)
Martina sah zu, wie Mutter sich die Hände eincremte.
»Wenn du schon dabei bist, dich zu ärgern, Mama... die Mathearbeit war wieder Mist.«
»Großer?« fragte Mutter in den Spiegel hinein.
»Fünf«, erwiderte Martina. »Gerade noch. Ich hab einen ganz blöden Fehler gemacht. Ich hab gerechnet: null mal acht ist acht.«

»Ist es das nicht?« fragte Mutter.
»Null mal acht ist natürlich noch immer null.«
»Wirklich?« Wider Erwarten lachte Mutter. »Also, den Fehler hätte ich auch machen können.«
»Dabei habe ich mich so konzentriert.«
»Klar, dann passieren solche Fehler.«
»Ich bin so froh, daß du nicht traurig bist, Mama.«
»Hast du schon einmal überlegt, ich meine, später, was du da einmal tun möchtest?«
»Also studieren überhaupt nicht.«
»Es gibt eine Menge Berufe, für die man nicht studieren muß.«
»Ich möchte endlich einmal den Webstuhl ausprobieren. Weißt du, ich möchte wissen, ob ich das kann. Nur Papa...«
»Sicher weiß er nicht, wo es fehlt, sonst hätte er es längst getan. Meinst du, daß du etwa in die Richtung gehst, Handwerk hat goldenen Boden?«
»Eher in die als in eine andere.«
»Und in der Praxis hier? Ich meine, als Arzthelferin, wäre das nichts? Andere Mädchen schaffen das auch. Du hättest mit Menschen zu tun...«
»Ja, schon... weißt du, ich zeig dir heute abend etwas.«
Mutter holte ihre Hausbesuchstasche aus dem Nebenraum, schaltete das Telefon um, dann griff sie sich die Autoschlüssel und bat Martina, alles gut abzuschließen. Sie fuhr los, um ihre Hausbesuche zu machen, solange es noch hell war.
Daheim traf Martina Roman allein an. Er lachte, als wüßte er etwas, was er nicht verraten durfte.
»Wo ist Papa?« fragte sie.
»Er ist mit jemand fortgefahren, kommt aber wieder.«

»Worum es geht, weißt du nicht?«
»Um Holz, glaube ich.« Roman kicherte.
»Na, ich werde es ja erfahren«, sagte sie. »Hast du deine Aufgaben gemacht?«
»Ja.«
»Zeig her.«
Roman begann zu maulen. Er wollte seine Hausaufgaben nur Papa zeigen. »Du bist immer so streng.«
»Aber Papa wirst du sie zeigen, da kommst du nicht drum rum. Und ich werde ihm sagen, daß er sehr streng sein soll.«
Roman überlegte nur kurz. »Gut«, sagte er, »dann schau du sie an.« Er schlich in sein Zimmer hinauf und kam mit den Heften zurück.
»Wo ist das Aufgabenheft?« fragte Martina. »Ich will sehen, ob du wirklich alle Aufgaben gemacht hast.«
»Ach du! Gehst ja selber noch in die Schule!«
»Hol das Aufgabenheft, Roman!« Es stimmte, gerade sie hatte keinen Anlaß, unnachsichtig zu sein. Aber es war etwas anderes, wenn es um den kleinen Bruder ging. Erwachsene verlangten ja auch von Kindern meist das, was sie selbst nur ungern oder gar nicht taten.
»Du bist widerlich!« schrie Roman. Er stampfte mit dem Fuß auf, ging aber in sein Zimmer, um das Heft zu holen.
»Nun, so schlecht ist das gar nicht«, lobte sie ihren kleinen Bruder. »Jetzt wollen wir sehen, ob du auch alles gemacht hast.« Martina konnte Aufgabenheft und die Aufgaben vergleichen, so oft sie wollte, es fehlte nichts. Ihr war unklar, warum er sich geweigert hatte, das Heft zu holen. »Na wunderbar«, sagte sie.

»Da hast du ja ohnehin alles gemacht. Warum wolltest du das Heft dann nicht bringen?«
»Ich will nicht immer das tun, was andere wollen.«
»Und warum?«
»Weil ich frei sein will«, sagte er und überraschte damit seine große Schwester. Sie hatte kaum Zeit zu sagen, daß jeder frei sein wolle, da klingelte es an der Tür. Roman begann zu hüpfen. »Das werden sie sein«, rief er und schlug einen Purzelbaum.
Es war Vater mit Fabian. Der stand da und hielt einige Holzleisten unter dem Arm.
Als Vater Roman sah, fragte er: »Hat der Bengel vielleicht etwas verraten?«
»Kein Wort«, sagte Martina.
»Die Sache ist die«, erklärte Vater, »Fabian wird deinen Webstuhl in Ordnung bringen. Er sagt, er kann das.«
»Oh, Papa!« rief Martina und umarmte ihren Vater.
»Ich wäre auch noch da«, sagte Fabian keck.
Um nicht rot zu werden, wies Martina auf das Holz in seinen Armen und sagte: »Du hast ohnehin schon was im Arm.« Schnell wandte sie sich ab, öffnete die Kellertür, schaltete das Licht an und rief schon auf der Treppe: »Komm nach, damit du das Holz loswirst.«
Seltsam, sie hatte Herzklopfen, als sie nachher im Keller mit ihm allein war. Allein mit ihm und dem Webstuhl natürlich.
»Kann ich dir irgenwie helfen?« fragte sie, um einen Grund für ihr Bleiben zu haben.
»Halt das Brett hier fest«, sagte er, als ginge es wirklich nur um die Arbeit. »Ganz fest, ich muß da noch hobeln.«

Martina hielt das Brett so fest, daß ihre Finger unter den Fingernägeln weiß wurden.
»Fichte?« fragte sie und wies mit dem Kopf kurz auf das Holz.
»Kiefer«, sagte er. »Aber es ist sehr helles Kiefernholz.«
»Darf ich es auch mal mit dem Hobel versuchen?«
Er sah sie kurz an und lächelte überlegen. »Meinetwegen«, sagte er dann.
Sie nahm den Hobel in die Hände, spürte noch die Wärme Fabians, wo sie zupackte. Dann zog sie den Hobel an der Kante entlang. Beim zweiten Versuch gelang ihr die Bewegung schon besser. Und nach dem dritten rief Fabian: »Halt, halt, laß von dem Brett noch was übrig!«
Dann standen sie einander eine Weile gegenüber und atmeten schwer. Jeder hätte beinahe etwas gesagt, was nichts mit Holz oder dem Webstuhl zu tun hatte, aber dann lachten sie nur verlegen und wandten sich wieder der Arbeit zu.
Als sie fertig waren, fragte sie ihn, ob er vielleicht eine Tasse Tee wolle.
Fabian schüttelte den Kopf.
»Dann laß ich dich raus.« Sie war enttäuscht, ging vor ihm her und öffnete die Haustür.
»Also«, sagte er. Und weil ihm nichts Besseres einfiel, fragte er: »Hast du eigentlich schon einmal gehobelt?«
Sie schüttelte den Kopf und fragte dann: »Wieso?«
»Nur so«, sagte er und ging.
Martina stand noch in der Tür, da kam ihre Mutter von den Hausbesuchen heim.
»Der Webstuhl ist repariert«, meldete Martina stolz, »ich hab dem Fabian geholfen.«

»Richtig«, sagte Mutter. »Wolltest du mir nicht etwas zeigen, Schatz?«
»Es ist oben«, sagte Martina.
Oben zeigte sie der Mutter Zeichenblätter. Sie ähnelten einander, nur in den Farben unterschieden sie sich und in der Breite und der Abfolge von Querstreifen.
»Sehr hübsch in der Farbzusammenstellung«, sagte Mutter. »Wenn du mir sagst, daß es keine hohe Kunst sein soll, gefällt es mir.«
»Es sind Webmuster. Hier, das ist für einen Teppich, die zarteren sind für Stoffe.«
»Wie kommst du denn darauf, Kind?«
»Durch den Webstuhl«, antwortete Martina.

9

Zunächst hörte sie nur die Stimme, die ihren Namen rief. Aber es war keine Stimme, die von außen kam, sondern mehr ein Stimme in ihr selbst. Genauer gesagt, sie träumte, daß sie gerufen wurde, irgendwie von ihr selbst. Zuerst fordernd, dann traurig, schließlich leicht verzweifelt. Da erst fuhr Martina hoch, sah verschwommen die dunkle Gestalt in der Tür. Ihr war, als kehrte sie von einer weiten Reise in die Wirklichkeit zurück, die ihr Zuhause war. Das Licht im Flur draußen, die halboffene Tür, die dunkle Gestalt, die ihre Fremdheit verlor und langsam, ganz langsam zu ihrer Mutter wurde.
»Mama?« fragte sie, weil sie sich noch immer nicht ganz sicher war. »Bist du es?«
»Natürlich, Schatz.«
Das war beruhigend. Es gab also nichts Fremdes, nichts Bedrohliches um sie herum. »Ich hab wohl fest geschlafen«, meinte sie.
»Und wie! Ich wollte dich nicht anfassen, weil ich weiß, wie dich das erschreckt. Schatz, ich muß dringend hinaus. Ein Notfall, ich brauche deine Augen.«
Jetzt war Martina hellwach. Sie begriff sofort, was los war. Vater war abwesend, bei der Beerdigung eines alten Onkels, und würde erst morgen zurückkommen. Mutter brauchte sie, weil sie gute Nachtaugen hatte. Sabine war, wie Mutter das manchmal nannte, eine genauso blinde Kuh wie sie selbst und außerdem in der Schweiz.

Jetzt, da Martina wach war, dauerte es nur Sekunden, bis sie fahrbereit war. Trainingsanzug an, die Socken und Turnschuhe, das Haar schnell mit den Fingern gekämmt, dann hinunter vors Haus, das Hoftor geöffnet und die unsicher rückwärts fahrende Mutter auf die Straße hinausgewunken, dann das Hoftor schnell geschlossen und auf den Beifahrersitz geschlüpft.
»Wo soll's denn hingehen?« fragte sie.
»Nach Meisenbach.«
Die ersten paar hundert Meter auf der spärlich beleuchteten Dorfstraße vor bis zum Hauptplatz und dort an der Dreifaltigkeitssäule rechts vorbei hätte Mutter zur Not noch allein geschafft. Kurz dahinter fingen dann aber die Probleme für sie an. Genauer gesagt, rund fünfzig Meter hinter der letzten Straßenlaterne. Da wurde für sie das dunkle Gespinst der Nacht immer undurchdringlicher. Zunächst erkannte sie die Straße noch, zumindest ihre Ränder. Aber dann vermischte sich die Straße mit den nachtschwarzen Äckern und Wiesen links und rechts. Dieser Zustand weckte in ihr die Angst auf, sie fuhr im Schrittempo und fürchtete sich.
»Du mußt ein bißchen mehr nach rechts fahren, du bist zu sehr in der Mitte«, sagte Martina, und Mutter befolgte sofort ihren Rat.
»So ist es gut«, lobte Martina, »jetzt kommt eine lange Gerade.« Und nach einer Pause: »Zu wem mußt du denn in Meisenbach?«
»Zu Frau Unterweger, sie hat arge Schmerzen.«
»Und du kannst ihr helfen?«
»Was die Schmerzen betrifft, ja.«
Martina mußte nicht weiterfragen. Sie wußte, daß Mutter der Frau Unterweger nicht wirklich helfen

konnte. Nie mußten sie darüber viele Worte verlieren. Sie verstanden einander auch so. Das war es auch, was Mutter an Martina so sehr schätzte, dieses sofortige Begreifen einer Antwort.
»Hat sie Kinder?« fragte Martina.
»Fünf. Das älteste ist ein Mädchen, ein paar Monate älter als du.«
»Du mußt wieder mehr nach rechts, Mama. Du ziehst den Wagen immer nach links.«
Ein Fahrzeug kam ihnen entgegen. Martina schätzte, daß es ein Laster war.
»O Gott, jetzt auch noch Gegenverkehr, schaffe ich das denn?« fragte Mutter nervös.
»Sicher. Du kannst doch noch ein bißchen mehr nach rechts. Und schau nicht in die Scheinwerfer hinein. Versuch dort hinzuschauen, wohin du fahren willst.«
Als sie an dem Laster vorbei waren, fragte Martina: »Und wie ist ihr Mann?«
»Och, ein Mann wie viele. Er wird erst viel später begreifen, was mit seiner Frau geschieht oder geschehen ist. Jetzt will er es nicht wissen.«
»Jetzt mußt du in die Linksabbiegespur, das war eben der Vorwegweiser.«
»So? Den hätte ich glatt übersehen.«
»Weil du keine Karotten ißt!« Martina schmiegte sich an ihre Mutter und lächelte. Sie ließ dabei die Fahrbahn nicht aus den Augen. »Ich fahre gern mit dir, so in der Nacht. Am Tag brauchst du mich ja nicht.«
»Doch, ich brauche dich, nicht gerade zum Fahren, aber sonst. Ich brauche dich und die anderen, auch Sabine.«
Das war etwas ganz anderes. Jetzt brauchte Mutter sie allein, vor allen anderen, und das war das Schöne.

Papa war nicht da, der sonst den Wagen in der Nacht lenkte. Sabine auch nicht, und Roman war noch zu klein.
»So, jetzt blinken. Links blinken und ein bißchen langsamer werden, jetzt mußt du abbiegen.«
Mutter schlug das Lenkrad ein und fragte: »Gut so?«
»Ja, gut so. Und sie selbst?« fragte Martina jetzt und meinte Frau Unterweger.
»Sie selbst«, wiederholte Mutter. »Sie weiß es, sie hat eine Selbstdiagnose erstellt, die mich überrascht hat.«
»Wird sie sterben?«
»Ja, sehr bald. Auch das weiß sie. Ich bewundere den Mut dieser Frau.« Sie zuckte zusammen. »Ach, sind das Regentropfen? Jetzt fängt es auch noch zu regnen an! Das Schlimmste, was mir passieren kann, ist eine Nachtfahrt im Regen. Siehst du, solch ein Hasenfuß bin ich.«
»Du mußt nur wieder mal ein bißchen nach rechts.«
Jetzt spiegelte das Scheinwerferlicht auf der nassen Straße, und die Reifen begannen zu singen. Mutter schaltete den Scheibenwischer ein und seufzte: »Auch das noch! Nein, du mußt vor achtzehn den Führerschein machen, damit du mit Punkt achtzehn losfahren kannst, wenn ich dich brauche.«
»Wer sagt denn, daß ich den Führerschein mache?«
»Sicher machst du den, siehst ja wie ein Luchs in der Nacht.«
»Das heißt aber noch nicht, daß ich alles kapiere.«
»Sicher kapierst du das, Schatz. Du hast den Sinn fürs Praktische.«
»In der Schule kapiere ich nicht alles, was andere kapieren.«

»Weil du mehr fürs Praktische bist. Denk an den kleinen hübschen Teppich.«
»Wozu lernt man dann so viele unpraktische Sachen wie zum Beispiel den ganzen Käse mit Mathe? Und Weben überhaupt nicht.«
»War das jetzt ein Ortsschild?«
»Ja.«
»Schon Meisenbach?«
»Nein, Dettelsdorf erst. Du darfst jetzt nur fünfzig fahren.«
Obwohl Mutter ohnehin kaum mehr als fünfzig fuhr, bremste sie hart ab; der Wagen schlitterte ein wenig.
»Sind die Reifen am Ende schon wieder schlecht?«
»Nein, da vorne ist eine Baugrube, die Straße ist mit Erde verschmiert.«
Als sie Dettelsdorf hinter sich hatten und die Straße wie ein dunkler Spiegel vor ihnen lag, fragte Martina: »Und das älteste Mädchen, die Tochter, weißt du. Merkt die etwas?«
»Ich glaube, sie ahnt etwas. Ich denke, sie ist die einzige Angehörige, die etwas ahnt. Ich bekomme sie nicht allein zu sprechen, sonst hätte ich ihr längst angedeutet, daß ihre Mutter sehr schwer krank ist.« Sie machte eine Pause. »Wer weiß, vielleicht ist es besser so.«
»Das muß entsetzlich sein, wenn ich denke, daß . . .«
Martina schwieg lange. »Aber nein«, sagte sie, »du machst so etwas nicht, du kannst dir ja selber helfen, schließlich bist du Ärztin.« Sie legte ihre Linke auf Mutters Schulter, als wäre damit die Sache erledigt. Und als Mutter sagte: »Wir alle sind sterblich«, da nickte sie nur. Sie nahm die Worte als Bestätigung, daß es wirklich so war. Aber es war eben nur eines

ganz, ganz fernen Tages so. Weitab von dieser Stunde.
»Meisenbach«, sagte sie laut.
Und Mutter sagte: »Hinter der Kirche geht ein einspuriger Weg hinauf, da wird mir hoffentlich jetzt keiner entgegenkommen.« Kurz danach geriet sie fast in die Hangwiese mit Obstbäumen, aber dann sahen sie das Haus. Das Licht über dem Eingang brannte. Mutter fuhr dicht heran und griff nach ihrer Tasche. »Vielleicht kannst du schlafen, solange ich drinnen bin«, sagte sie. Dann ging sie auf die Tür zu, die sich öffnete, bevor sie noch klopfen konnte.
Martina konnte nicht schlafen. Sie mußte an die Frau drinnen denken und an deren älteste Tochter und an den Mann, der nicht begriff, wie es um seine Frau stand. Der Regen prasselte auf die Windschutzscheibe nieder und ließ Haus, Licht und Tür verschwimmen. Martina hielt es nicht mehr im Wagen, sie stieg aus. Die Luft war frisch und rein und roch nach nahem Wald und nassem Laub, nach Stall und frisch gesägtem Holz.
Martina stellte sich unter das weit vorspringende Dach einer Scheune, weil es nun stärker regnete. Sie hörte das Wasser in der Dachrinne laufen und irgendwo auf Steine plätschern. Dann strich plötzlich etwas um ihre Waden. Sie erschrak und wollte schon einen Satz zur Seite machen, als sie sah, daß es nur eine Katze war, die sich mit hochgestelltem Schwanz an sie drängte. »Ach, Katze, du«, sagte sie und bückte sich, um sie zu streicheln. Die Katze ließ sich das gefallen und war schließlich so zutraulich, daß sie sich hochnehmen ließ.
»Wie heißt du denn?« fragte sie, obwohl ihr klar war,

daß ihr die Katze sicherlich nicht ihren Namen verraten würde. Sie lag nun sichtlich entspannt in ihren Armen und begann zu schnurren.
»Wie warm du bist«, sagte Martina, und ihr wurde in diesem Augenblick bewußt, daß sie dies nur sagte, weil sie selbst nicht schnurren konnte. Wie einfach hatten es die Tiere. Sie erteilten ihre Antworten wortlos, ließen sich streicheln oder ergriffen die Flucht, schnurrten behaglich oder kratzten. Nach einer Weile schien auch dieser Katze etwas anderes in den Sinn gekommen zu sein, vielleicht ein Mauseloch in der Scheune. Sie stemmte sich plötzlich ab, sprang auf den Boden und war verschwunden. Martina ging zum Wagen zurück und setzte sich auf den Beifahrersitz. Mutter würde beim Zurückkommen denken, daß sie nie den Wagen verlassen hatte. Es war genauso wie jeden Morgen und Mittag. Wenn die Mutter sie mit der Schultasche gehen oder kommen sah, dachte sie, sie wäre in der Schule gewesen. Andere Möglichkeiten wären ihr gar nicht in den Sinn gekommen.
Hernach mußte Martina etwas eingenickt sein, denn sie fuhr zusammen, als Mutter den Wagenschlag öffnete und sich hinters Steuer setzte.
»Habe ich dich erschreckt, Kind?« fragte sie, und als Martina verneinte, begrub die Mutter ihr Gesicht in ihren Händen und sagte: »Es gibt Dinge, die sind wirklich schlimm. Ich weiß nicht, wie die Frau das schafft. Ich wünschte, ich hätte nur ein bißchen von ihrer Gelassenheit.«
Die Heimfahrt wurde aufregend. Der Regen prasselte in Schauern auf das Autodach und die Windschutzscheibe. Die Tastfinger der Scheinwerfer zerflossen in der nassen Nacht, zerschmolzen zu hellen Tropfen

oder gleißendem Gegenlicht. Martina war froh, als sie das Gittertor zur Einfahrt öffnete und der Wagen in die helle Garage fuhr.

»Uff«, sagte Mutter, als sie den Motor abgestellt hatte. »Lieber eine ganze Nacht Dienst auf der Intensivstation, als so eine Nachtfahrt. Schlaf noch gut, mein Kind.«

Martina schlich die Treppe hinauf und ließ sich, wie sie war, ins Bett fallen.

— 10 —

Sabine hatte schon kurz nach Ostern signalisiert, daß sie die zweiten Sommerferien in der Internatsschule nicht im Familienkreis verbringen wollte. Miss Waddle, die Englischlehrerin der Schule, wollte hrem Urlaub damit einen besonderen Sinn geben, daß sie einige ihrer Schülerinnen in ihre Heimat mitnahm, um ihnen dort eine Vertiefung ihrer Englischkenntnisse zu ermöglichen. Die Schülerinnen würden bei besten Familien untergebracht.

»Was hältst du davon?« hatte damals Vater die Mutter gefragt.
»Wir werden uns das leisten können müssen«, hatte Mama geantwortet. »Noch einen Urlaub wie den letzten, als sie so penetrant folgsam war, daß es schon grausam war, möchte ich nicht mehr erleben.«
Ein Glück, daß der Englandaufenthalt nicht so teuer zu werden schien, als man befürchtet hatte. Sabine durfte tun, was sie sich offensichtlich so sehr wünschte.
»Und was unternehmen wir?« fragte Vater.
»Wie wäre es einmal gegen den Strom?« fragte Mutter.
»Welchen Strom?« fragte Roman.
»Gegen den allgemeinen Drang nach dem Süden.«
»Nach Norden?« fragte Martina.
»Schweden soll sehr teuer sein«, wandte Vater ein.
»Aber auch sehr schön«, sagte Mutter. »Und viel größer, als man denkt.«

»Fahren wir dorthin, wo die Elche und Rentiere sind?« wollte Roman wissen.
»Wir werden es versuchen«, sagte Mama. »Es ist ein langer, langer Weg.«
Vater hatte eine Idee. »Wir könnten ja, ich kann mich da erkundigen, ein Wohnmobil nehmen. Mieten natürlich nur. Da wären wir vollkommen unabhängig.«
»Das wäre schön«, hatte Mama gesagt, »das würde mir Spaß machen.«
Und Martina hatte ein eigenartiges Glücksgefühl beschlichen, weil Mama für Vaters Vorschlag sichtlich Feuer und Flamme war.
Vater hatte dann Prospekte angeschleppt, norwegische Fjorde, schwedische Seen und Stromschnellen, alles in Farbe und alles im Sonnenschein, als würde es im Norden nie regnen. Auch die Prospekte vom Wohnmobilvermieter zeigten nur Sonnenschein. Sei's in den Alpen, an südlichen Stränden oder in den Wäldern des Nordens.
»Wirst du dich dabei aber auch erholen können, Lina?« fragte Vater besorgt.
»In einem Wohnmobil kann man sich auch während der Fahrt hinlegen, und außerdem müssen wir nicht unbedingt ein tägliches Pensum schaffen, nicht ein Hotel erreichen, koste es, was es wolle.«
»Da hast du recht«, meinte Vater. »Übrigens, du sorgst für die Urlaubsapotheke, ich kaufe den Proviant ein.«
»Und ich übernehme die Bettwäsche, die Decken und die Kleidung«, rief Martina.
»Ob wir die Mitternachtssonne sehen werden?« fragte Mama. Und sie gestand, daß dies ein alter Wunschtraum von ihr war. Einmal die Sonne nicht unterge-

hen sehen, das hatte sie sich schon als Schulmädchen gewünscht. Sie saß nach diesen Worten in Gedanken versunken da, als suche sie das Schulmädchen, das sie einmal war.
Und dann kam dieser letzte Freitag im Juni. Das Wohnmobil war längst bestellt, Vater hatte sogar schon Geld eingetauscht und Reiseschecks gekauft. Der Proviant stand in zwei Kartons im Hausflur. Bettzeug und Kleidung waren in Sabines Zimmer zurechtgelegt. Da klingelte das Telefon.
Martina, die allein im Haus war, lief auf den Flur und meldete sich.
Es war Christina, die Sprechstundenhilfe. »Martina, ich muß sofort deinen Vater sprechen!« rief sie seltsam gehetzt.
»Der ist nicht da, er ist in der Stadt mit Roman, ein Schlauchboot...«
»Dann mußt du kommen, sofort. Sause, was du kannst.«
Ohne das Haus abzuschließen, rannte Martina zur Garage, schwang sich auf ihr Rad und trat in die Pedale, was das Zeug hielt. Atemlos kam sie bei der Praxis an. Einige Leute standen auf dem Weg vor dem Vorgarten und starrten das Haus an, das die Gemeinde dem Arzt zur Verfügung gestellt hatte. In der halboffenen Haustür wartete eine schreckensbleiche Christina und winkte sie zu sich heran. Martina kam nicht dazu, sie zu fragen.
»Der Notarzt muß jeden Augenblick kommen«, rief Christina.
»Wieso, ist meine Mutter nicht hier?«
»Martina«, flehte Christina, »Reiß dich jetzt zusammen, bitte. Er kommt für deine Mutter. Sie ist uns

zusammengebrochen. Sie wollte ins Nebenzimmer, um sich ein EKG anzusehen. Zuerst dachte ich, sie stolpert nur, aber dann . . .«
»Wo ist sie?« Martina stürzte ins Haus.
Mutter lag im Behandlungszimmer auf der Untersuchungsliege, der linke Arm baumelte herunter. Auf der Liege war kein Platz für den Arm.
Draußen hörte man das Martinshorn, oder waren es zwei?
Martina hatte das Gefühl, aus Watte zu bestehen. Das Bild der bewußtlosen Mutter war zu schrecklich, um Wirklichkeit zu sein. Eine vorübergehende Schwäche, tröstete sie sich. Mutter atmete noch. Es schien ihr Schwierigkeiten zu bereiten. Sie hatte den Mund geöffnet und den Kopf zurückgebogen, die Nase war spitzer als sonst.
»Mama«, fragte sie. »Mama, hörst du mich?«
Eine Art Röcheln war die Antwort.
Martina bückte sich und ergriff die linke Hand ihrer Mutter. Sie wunderte sich, wie schwer der Arm war, und darüber, daß das Martinshorn ganz in der Nähe verstummt war. Sie hielt die Hand, die keinen Druck erwiderte, wie einen fremden Gegenstand, ein vergessenes Stück, das irgendwann einmal sehr wichtig gewesen war.
Da flog die Tür auf, Männer in Weiß stürmten herein, einer drängte sie zur Seite. Eine Hand legte sich auf ihre Schulter, es war Christina, dann sah sie plötzlich die Tragbahre und wunderte sich, wie sie hereingekommen war. Irgend jemand hielt eine Infusionsflasche hoch, dann lag ihre Mutter auf der Bahre. Einer der Männer blickte kurz hoch und fragte: »Wer ist mit ihr verwandt?«

»Ich«, sagte Martina. »Sie ist ...«
»Schon gut, Sie können bei mir mitfahren.« Es war der Notarzt. Martina nahm alles wie in Trance wahr. Draußen standen noch immer Leute, mehr als vorhin, wie ihr schien. Kinder drängten sich vor und gafften, sie selbst wurde in einen weißen Personenwagen geschubst, der mit quietschenden Reifen losfuhr. Martina hatte das Gefühl, das Geheul des Martinshorns würde aus ihrem Kopf dröhnen. Hinter ihr raste der Krankenwagen in immer gleichem Abstand mit Blaulicht und Scheinwerfern. Er verbarg ihre Mutter.
Sie dachte, daß sie nun wohl beten sollte. Aber wie sollte sie es tun? Sie glaubte nicht, daß Gott sich um solche Dinge kümmerte, wie Mütter wieder genesen zu lassen oder den Tod eine Weile, vielleicht um Jahre, hinauszuschieben. Sie unterhielt sich deshalb ganz intensiv mit ihrer Mutter. Mama, dachte sie, Mama, pack all deinen Willen zusammen, zwing dein Herz, daß es weiterschlägt. Denk, daß du die Sonne um Mitternacht sehen wolltest. Bitte, denk dran. Und denk dran, wie klein Roman noch ist und wie er dich braucht. Denk ganz fest an Papa. Was macht er, wenn er nicht mehr die Abrechnungen, die Telefongespräche, die Nachtfahrten für dich machen kann? Was machen wir alle, wenn du gehst?
Alles andere war im Moment nicht interessant, die Autos, die vor ihnen rechts auswichen, die Menschen, die sich aufgeschreckt umwandten, die rote Ampel, die sie nicht aufhielt. Irgendeinmal war sie diesen Weg schon gefahren, er war ein Tag im Frühling gewesen, die Narzissen hatten schon geblüht ...
Vor zwei oder drei Jahren? Nein, vor zwei. Der Wagen

bog links ab, die letzte Straße vor dem Krankenhaus. Dann rechts die Auffahrt zum Krankenhaus hinauf, unter das Vordach, zwei Pfleger warteten schon mit einem Wägelchen, packten die Tragbahre darauf und rannten schon mit ihrer Mutter den langen Flur entlang, als sie etwas benommen erst das Gebäude betrat. Martina konnte sehen, wie sie mit Mutter hinter Milchglasflügeltüren verschwanden, dann war sie allein in dem kahlen Flur. Das diffuse Licht, der blanke Fußboden, die nackten Wände, nur hin und wieder von einer Tür mit einer Nummer unterbrochen, der Spitalsgeruch unterstrich ihre Einsamkeit. Sie war in eine fremde, unwirkliche Region geraten. Eine Stimme im Lautsprecher suchte dringend Professor Weber. Der Ruf wurde zweimal wiederholt, ohne menschlicher zu klingen. »Professor Weber dringend in die Notaufnahme.« Ob das ihre Mutter betraf?
Eine Krankenschwester trat aus der Milchglastür und schien leicht ungehalten, sie hier anzutreffen. »Suchen Sie jemand?« fragte die Schwester unfreundlich, nachdem sie sie von oben bis unten gemustert hatte.
»Meine Mutter«, Martina mußte sich räuspern, »meine Mutter ist eben mit dem Notarzt . . .«
»Ach ja. Wenn Sie zurückgehen, links vorne um die Ecke, da können Sie warten. Dort sind auch Stühle zum Sitzen.«
»Bekomme ich Nachricht?«
»Ja, nur müssen Sie sich schon ein wenig gedulden.«
»Das weiß ich«, sagte sie scharf. »Meine Mutter ist Ärztin.« Sie machte kehrt, ging langsam den langen Flur zurück, dann links um die Ecke und setzte sich auf einen ziemlich heruntergekommenen Lederstuhl.

Wenn einer von draußen hereinkam, gingen die Türen automatisch auf und zu. Man konnte draußen den Frühsommertag sehen, die Sonne lag auf einer Gruppe von roten Strauchrosen, die geöffneten Blütenblätter fingen das Licht ein. Ein Tag, viel zu schön, dachte sie. Zu schön wofür? Sie wollte ihre Angst nicht zu Ende denken. Ein Tag, viel zu schön für das da. Es paßte nicht in ihn hinein. Es paßte nicht zu Papa, der vielleicht gerade jetzt ein Schlauchboot für Roman kaufte. Ein Schlauchboot für einen schwedischen See, den sie nie sehen würden.
Mama, Mama, sprach sie leise, halte durch. Ich will dir nie mehr Ärger machen, wenn du durchhältst. Auch nicht in der Schule, ich werde mich mit Brigitte zusammentun und mir alles zehnmal erklären lassen, wenn ich es nicht gleich kapiere. Nie mehr werde ich bei Referaten vergessen, was ich gerade sagen wollte...
Schritte kamen näher, sie sprang auf. Aber es war nur ein junger Arzt, der zwischen den Zähnen eine Melodie aus »Cats« pfiff und in der letzten Tür unmittelbar vor ihr verschwand.
Der Arzt, der ihr die Nachricht überbrachte, kam erst viel später. Er trug einen Plastikbeutel und machte, als er sie entdeckte, ein bekümmertes Gesicht. Die Art, wie er sein Schrittempo verlangsamte und zögerte, bevor er den Mund öffnete, löste kaltes Entsetzen in Martina aus. Sie kannte alle seine Worte, ehe er sie aussprach.
»Es tut mir sehr leid, ich habe keine gute Nachricht«, begann er. Martina sah vor sich hin und nickte, als hätte sie dies längst gewußt.
»Das menschenmögliche haben wir getan.« Natürlich,

dachte sie, das wird immer getan. Und im Grunde wußte man, daß solch eine Stunde auf einen zukam. Nur sie kam immer zu früh. Es war Freitag nachmittag, das Wochenende stand bevor. »Ich weiß nicht, warum alle gerade zum Wochenende krank werden müssen«, hatte Mutter einmal gesagt. »Alles wird zum Wochenende krank. Ihr auch, immer zum Wochenende.«
Martina übernahm den Plastikbeutel. Den Inhalt kannte sie. Ein weißer Mantel, dunkelblauer Rock, hellblaue Bluse, die Unterwäsche. Die Schuhe zeichneten sich durch die Plastikhaut ab.
»Ja, wie gesagt . . .« Der Arzt, groß, breitschultrig, glattrasiert, sonnengebräunt, reichte ihr die Hand. »Ich weiß nicht, ob es ein Trost ist«, sagte er, »aber langes Leiden ist ihr erspart geblieben.«
»Ja«, sagte sie, »danke.« Sie drückte seine Hand, die kühl war. Die Türen glitten automatisch vor ihr auseinander, der Sommertag stürzte auf sie zu. Jetzt erst merkte sie, wie warm es draußen war.
An der Auffahrtsrampe kamen ihr Vater und Roman entgegen. Als Vater sie und den Plastikbeutel in ihrer Hand sah, starb etwas in seinem Gesicht.
»Ist sie . . .?« fragte er.
Martina nickte. »Vor etwa zwanzig Minuten.« Sie legte ihren linken Arm um Vater, mit dem Rechten drückte sie Roman an sich.
»Ich will sie sehen«, sagte Vater plötzlich.
»Ich weiß nicht, ob das möglich . . .«
»Schließlich bin ich ihr Mann.« Er riß sich los und verschwand hinter der automatischen Tür. Es dauerte lange, bis er zurückkam. »Kommt«, sagte er, »wir müssen an Sabine telegrafieren.«

— 11 —

Vater hatte im Wohnzimmer einen Stuhl ans Fenster gerückt. Dort saß er stundenlang und starrte in den hinteren Teil des Gartens hinaus. Das Fenster mußte geschlossen bleiben, weil er die Vögel nicht singen hören wollte. Er fand es wenig taktvoll von diesen Tieren, daß sie taten, als sei nichts geschehen. Wenn Martina ihn so sitzen sah, dann hatte sie die Empfindung, ihr Vater habe sich aus der Zeit davongestohlen, und er sitze da, außerhalb der Gegenwart, ohne Zukunft und mit zerstörter Vergangenheit.
Wenn sie ihn mahnte, »Papa, laß dich nicht gehen!«, dann nickte er und fragte: »Was ist?«
Als sie ihm die Ankunft Sabines meldete, sagte er nur: »So? Ist sie schon da?« Und als Sabine zu ihm ans Fenster trat, meinte er: »Da bist du ja.« Das war alles.
Martina lief hinauf und räumte Bett-, Leibwäsche und Decken aus Sabines Zimmer. All das, was sie für die Nordlandfahrt viel zu früh vorbereitet hatte. Unten in der Küche saß Roman vor einem halbvollen Teller und schob lustlos Gemüse und Kartoffeln einmal auf die eine und dann wieder auf die andere Seite des Tellers.
»Iß!« befahl Martina.
»Ich mag nicht«, maulte Roman.
»Es ist dein Lieblingsgemüse.«
»Stimmt nicht.«
»Doch. Erbsen und Karotten waren immer dein Lieblingsgemüse.«

»Aber nicht so, wie du sie kochst.«
Martina ließ sich erweichen. »Die Hälfte noch, abgemacht?«
Roman war mit diesem Kompromiß einverstanden. Vor den letzten Bissen wurde er wieder langsamer. Martinas Frage, warum er nicht weiteresse, beantwortete er mit einer Gegenfrage: »Muß ich beim Begräbnis traurig sein?«
»Du sollst dich überhaupt nicht fragen, was du *mußt*. Denk beim Begräbnis an Mama. Sie hat dich sehr lieb gehabt.«
»Ich wäre viel lieber in Schweden.«
»Meinst du, ich nicht und Papa nicht auch? Und Mama erst?« Sie wischte sich die Augen.
»Sie hätte schon noch ein bißchen warten können. Wenigstens bis nach Schweden. Was mache ich jetzt mit dem Schlauch . . .«
Da, sie wußte nicht wie es geschehen war. Roman heulte plötzlich, und die Innenfläche ihrer rechten Hand brannte. Ihr war das geschehen, was sie Erwachsenen immer vorgeworfen hatte. Sie hatte die Beherrschung verloren. Ihr war die Hand ausgerutscht. Was sie bei dieser Angelegenheit überraschte, war, daß Roman nicht zurückschlug.
Etwas später kam Sabine in die Küche. Sie blieb in der Tür stehen, lehnte sich an den Türstock, spielte kleines Mädchen und übermüdete Reisende und fragte: »Könnte ich ein Rührei oder so was haben?«
Jetzt war Martina von sich selbst überrascht. Eigentlich hätte sie sagen müssen, du weißt, wo die Pfanne ist und wo die Eier sind, mach dir selbst etwas zu essen. Statt dessen ging sie zum Kühlschrank, holte zwei Eier und ein Stück Speck heraus, stellte die

Pfanne auf die Platte, schnitt Speck in dünne Streifen, zerschlug die Eier, ließ den Speck glasig werden, goß die Eiermasse darüber, fragte Sabine noch, ob sie das Rührei lieber weich oder fest haben wollte, und holte zu allem Überfluß noch Schnittlauch aus dem Kräutergarten, ehe sie das Rührei auf den Tisch brachte. Sabine bedankte sich und lobte den guten Geschmack der Eierspeise. Auch die zwei Schnitten Brot schmeckten ihr, die Martina im Brotkörbchen auf den Tisch gebracht hatte.
»Hat Paps was gegessen?« erkundigte sich Sabine.
»Nein. Er trinkt nur Kaffee und raucht.«
»Das Rauchen hatte er sich doch abgewöhnt.«
»Damit ist es vorbei. Schon auf der Heimfahrt vom Krankenhaus hat er sich Zigaretten aus einem Automaten gezogen und sofort geraucht, noch im Auto.«
»Ich glaube, jetzt bereut er, daß er in der Bank aufgehört hat.«
»Hat er etwas gesagt?«
»Nein, ich denke, er grübelt darüber nach. Darüber, was er tun soll, und darüber, ob er in seinem Alter noch einen Job bekommt. Zu seiner alten Bank kann er wohl nicht zurück.«
»Nein, das wäre zu schlimm für ihn. Vielleicht findet er bei einer anderen Bank etwas. Einer kleineren, vielleicht.«
»Also, in der Schweiz gibt es Banken!« rief Sabine nun wieder etwas gekünstelt. »Ich sage dir, jede Menge Banken.«
»Wie schön. Und was wirst du jetzt machen?«
Sabine tat, als müsse sie noch überlegen. Dabei hatte sie ihre Pläne hübsch wohlgeordnet im Kopf. »Also die Sache mit dem Ballett habe ich aufgegeben. Das

heißt nicht, daß ich nicht mehr trainiere, es ist einfach eine Art von Körperpflege. Nur als Beruf kommt es nicht mehr in Frage. Ich werde zu groß. Es macht kein gutes Bild, wenn die Tänzerin größer ist als der Tänzer. Stell dir vor, ich mache dann mit irgendeinem Zwerg einen Pas de deux.«
»Und was willst du sonst tun?«
»Alle bestätigen mir, daß ich Sprachentalent habe. Ich habe ganz nebenbei ein bißchen Spanisch gelernt. Eine Mitschülerin, Tochter eines Madrider Professors, hat es mir beigebracht. Dumm nur, daß jetzt die Sache mit England geplatzt ist. Aber wenn ich es überlege, mit Deutsch, Englisch, Französisch und Spanisch müßte sich doch ein bißchen was machen lassen. Wenn ich noch Russisch dazunehme..., Russisch wird sicherlich sehr wichtig werden. Als Konferenzdolmetscherin müßte man doch einige Chancen haben im vereinigten Europa.«
»Und das geht alles in deinen Kopf hinein? Auch die russische Schrift?« Martina graute.
»Du meinst das russische Alphabet? Das kann ich längst. Hast du eine Ahnung, wie die finanzielle Zukunft hier aussieht?«
»Ich habe Papa gefragt, aber er hat nur den Kopf geschüttelt. Christina, die Sprechstundenhilfe, hat gemeint, einige Monate müßte es reichen. Es sollen auch noch eine Menge Außenstände sein. Aber Papa will noch nicht mahnen.«
»Soll er aber, und zwar bald. Und wenn ich mich anstrenge, bekomme ich vielleicht ein Stipendium, dann könnte es sich ausgehen. Wird es eine teure Beerdigung?«
»Der Mann von der ›Trauerhilfe‹, das heißt jetzt näm-

lich nicht mehr Leichenbestattung, der Mann hat versprochen, daß es würdig, aber nicht zu teuer wird.«

Martina schwieg. Ihr war eingefallen, daß Mutter sich einmal über das Wort Trauerhilfe lustig gemacht hatte. »Unsere Sprache drückt aus, wie feig wir vor gewissen Wörtern sind. Nimm das Wort Trauerhilfe. Wer, so frage ich dich, kann einem schon bei der eigenen Trauer helfen? Welcher Fremde wäre imstande, unsere Trauer um einen nahestehenden Menschen nur um eine Träne zu verringern? Wenn Papa etwas passierte, ich würde mich amputiert fühlen.« Und im gleichen Atemzug begann sie gegen das Wort »Gesundheitsreform« zu wettern. »Welche Gesundheit«, hatte sie gesagt, »hat es nötig, reformiert zu werden? Die Beamten oder Politiker, die dieses Wort geprägt haben, sollten ihre Köpfe reformieren. Aber es hat wohl keiner gewagt, von einer Krankheitskostensenkungsreform zu sprechen oder einfach von einer Sparreform.«

»Warum redest du nichts mehr?« fragte Roman.
»Muß ich denn immer reden?« fragte Martina.
»Ich mag auch nicht mehr. Ich lege mich ein bißchen hin, ich bin hundemüde«, sagte Sabine.

Schließlich war Martina allein in der Küche. Durch das aufgeklappte Fenster mußte eine Wespe hereingekommen sein; sie summte wie verrückt. Man konnte hören, wie sie immer wieder an die Scheibe bumste. Aber sie gab nicht auf, den Weg ins Freie zu suchen.

Es war genau halb vier, Samstag nachmittag. Mutter war jetzt schon vierundzwanzig Stunden tot. Neben dem Brummen der Wespe konnte man auch das Ge-

schrei der Zuschauer vom Sportplatz her hören, der zum Glück weit genug entfernt am Ortsrand lag. Manchmal waren verletzte Spieler zur Mutter gebracht worden, einmal einer mit einem offenen Schienbeinbruch. Später waren an diesem Tag noch mehrere Verletzte erschienen. Keine Sportler, sondern Zuschauer, die einander in die Haare geraten waren. Einer hatte sogar am Kopf genäht werden müssen.
Nach dem Gebrüll, mit dem offensichtlich ein Tor des heimischen Vereins gefeiert wurde, ging Martina hinüber ins Wohnzimmer, wo Vater noch immer das Fenster anstarrte.
»Willst du nicht wenigstens eine Kleinigkeit essen, Papa?«
»Nein, danke.«
»Es sind frische Erdbeeren da. Frau Obermoser hat sie gebracht.«
»Nein, danke.«
»Ich würde gern einmal mit dir reden, wie jetzt alles werden soll.«
»Später, Kind, später.«
Sie schlich aus dem Zimmer und drückte die Tür leise ins Schloß. Dann ging sie ums Haus herum auf die Gartenterrasse hinaus. Eine Weile saß sie auf Mutters Lieblingsplatz neben der schwarzgrünen Kiefer, dann ging sie wieder in die Küche zurück.
Der Vormittag war schlimm genug gewesen, als sie einiges einkaufen mußte. Das Bedauern einiger Dorfbewohner war ihr einfach zu aufdringlich erschienen. Schließlich hatte sie die Flucht ergriffen, denn sie mochte nicht mehr hören, wie man über ihre tüchtige, tote Mutter und ihren lebenden Vater

sprach, als wäre er ein armer, hilfsbedürftiger Witwer, der nunmehr nicht aus und ein wußte, mit drei Kindern obendrein.
Alles gut und schön, dachte sie jetzt, aber welche Pläne hast du selbst? Zum erstenmal beneidete sie Sabine. Die sah gut aus, war sehr gewandt, hatte eine herrliche Körperhaltung und dazu Sprachentalent. Die wußte, wenn sie das und jenes gut hinkriegte, konnte sie gut das werden, was sie sich vorgenommen hatte. Sie, Martina, hingegen wußte überhaupt nicht, was sie werden konnte. Die Schule war ein einziges Jammertal, die Zukunftsaussichten dort eher düster. Mutter hatte zwar ungefähr geahnt, welches Jahreszeugnis sie heimbringen würde, die schlimme, unerbittliche Wahrheit war ihr nun jedoch erspart geblieben. Die letzte Matheabeit hatte sie total verhaut. Und sie hatte gehofft, noch auf eine schwache Vier im Zeugnis zu kommen. Damit war es nun natürlich aus. Es war auch nicht die Schuld der Lehrer, bis auf Kraweh mochte sie alle. Die meisten litten sichtlich, wenn sie ihr den Notenstand erläuterten.
Im Grund war es ein Übel, daß sie niemanden hatte, mit dem sie über ihre Probleme reden konnte. Mama hatte ihr zwar nie etwas vorgeworfen, aber sie hatte unter ihren schulischen Leistungen gelitten. Das tat Martina mehr weh, als wenn sie ein paar Ohrfeigen bezogen hätte. Papa hörte nie ganz hin, er war in Gedanken immer anderswo. Eine richtige Freundin hatte sie auch nicht. Brigitte war hilfsbereit, konnte aber ihre Überlegenheit nur schwer verbergen. Und einen Freund? Den hatte sie sich schon oft gewünscht. In der Hauptsache, um mit ihm über alles,

über wirklich alles sprechen zu können. Nicht nur über die Schule, sondern auch über die Freuden, die man hatte, und die Bedrückungen, die man mit sich herumschleppte, die Sorgen, die einen einengten. Einen Freund, der zärtlich war und der sich über einen Fehler nicht lustig machte. Einen Freund, der einen nie herabsetzte, nie kränkte, nie beleidigte.
Sie mußte einige Zeit vor sich hingeträumt haben, denn als Vater »Da bist du«, sagte, mußte er schon eine Weile vor ihr gestanden haben.
»Kaffee und ein Butterbrot?« fragte sie.
Vater überlegte, und das war schon ein Fortschritt, sonst hätte er gleich nein gesagt. Jetzt sagte er: »Wäre vielleicht gar nicht so schlecht. – Wo sind denn die anderen?«
»Sabine hat sich ein bißchen hingelegt, und Roman wird auf dem Sportplatz sein.«
Vater schien endlich Hunger zu haben. »Das Butterbrot«, begann er, ». . . nimm das dunkelste Brot, das wir im Haus haben.« Er setzte sich an den Küchentisch und sah seiner Tochter aufmerksam zu. Plötzlich sagte er: »Ich bin ja im allgemeinen nicht der Frömmste, und Lina, ich meine Mama, war auch nicht besonders fromm. Aber wir haben oft über Gott, über Himmel und Hölle und das sogenannte ewige Leben gesprochen. Weißt du, wenn wir nachts irgendwo draußen waren, bei einem, der im Sterben lag, da beschäftigt man sich dann mit solchen Fragen. Und zu den großen, ich meine zu den ganz großen Feiertagen sind wir ja auch immer in die Kirche gegangen. Die ganze Familie.« Vater schien die Wespe zu stören, die noch immer gegen die Fensterscheibe schlug. Er stand auf, nahm sich ein Wasserglas und

eine Ansichtskarte, die im Küchenschrank steckte. Nach einigen Fehlversuchen stülpte er das Glas über die verrückte Wespe, schob die Ansichtskarte vorsichtig zwischen das Trinkglas und die Fensterscheibe und öffnete das Fenster, um die Wespe freizulassen. Dann ging er wieder zu seinem Platz zurück und setzte sich. »Weißt du« fragte er, »daß die Tibeter keine Insekten töten? Ich habe das erst unlängst irgendwo gelesen? Ich finde das bemerkenswert. – Wo bin ich vorhin stehengeblieben?«
»Bei der Kirche und den ganz großen Feiertagen.«
»Ja, richtig. Oh, ist das ein schönes Butterbrot...«
»Du kommst wieder von der Kirche ab, Paps.«
»Ja, mein Vorschlag ist ganz einfach, daß wir vier morgen zur Kirche gehen. Um Mama zu ehren, die ja noch nicht unter der Erde...«
Vaters Stimme wurde brüchig und heiser, darum sagte Martina schnell: »Ich gehe auf jeden Fall mit dir, und die anderen, denke ich, auch.«
»Auch Sabine? Meinst du?«
»Die war vorhin ganz vernünftig. Und Roman erkläre ich das schon.«
»Weißt du, damit du mich recht verstehst. Nicht, daß du glaubst, wir könnten Mama damit in den Himmel bugsieren. Wenn sich jemand den Himmel verdient hat, dann sie. Und wenn es Gott gibt, dann weiß er, was sie geleistet hat. In ihrem Beruf, als eure Mutter und als meine, als meine... nun ja...«
»Komm, da ist dein Kaffee, Paps«, sagte Martina so belanglos wie möglich.

— 12 —

Die Reihenfolge war klar: Zuerst kam der Vater, dann Sabine, dann drückte man ihr, Martina, die Hand. Nach ihr stand Roman, etwas verloren, bleich, verwirrt, als habe er eine Rolle zu spielen, die er noch nicht begriff.
Für die Leute, die zur Beerdigung gekommen waren, war Sabine das feine Fräulein, das im Ausland, noch dazu in der Schweiz, eine Schule für höhere Töchter besuchte. Ihr drückte man nur die Hand. Martina hingegen war die im Dorf Gebliebene, man wußte von ihr, daß sie Probleme in der Schule hatte, und man kannte sie als nettes, freundliches, wenn auch etwas stilles Mädchen.
Dementsprechend waren auch die Worte, die sie am Grab ihrer Mutter zu hören bekam.
»Auf deine Mutter kannst ewig stolz sein«, sagte ein alter Mann, und in der Art ging es weiter. Eine ältere Frau riet ihr, ein braves Mädel zu bleiben und auf Vater und Bruder zu achten.
»Ohne deine Mama wäre ich heute nicht hier«, gestand die nächste. Der zittrige Dr. Beer, Mamas Vorgänger als Gemeindearzt, schüttelte lange Martinas Hand. »Ich sehe keinen Sinn darin, Kind«, begann er mit altersschwacher Stimme, »gar keinen Sinn, daß ich hier stehe und deine gute Mutter da unten liegt.«
Auch Fabian stand vor ihr, was sie überraschte. War er Patient bei Mutter gewesen? Er stotterte aus Verle-

genheit: »Ich ... d ... du ...« dann atmete er tief und sagte: »Du weißt schon, gelt.«
Sie nickte, obwohl sie nur ahnte, was er meinte und was sie wissen sollte. Zum Schluß kam eine Frau heran, die ihr bekannt vorkam, im Trauerkleid aber fremd wirkte. War es die Mutter der jungen Frau, die das Beatmungsgerät brauchte? Sie tätschelte Martina die Wange und musterte sie lange. »Weißt«, sagte sie. »Kerzen, die heller leuchten, brennen schneller runter. Verstehst mich schon?«
Martina nickte und biß die Lippen zusammen. Dann wartete sie mit ihren Geschwistern auf Vater, der sich vom Grab nicht trennen konnte und vergessen zu haben schien, daß es der Brauch war, nun den Gasthof aufzusuchen, wo der Leichenschmaus wartete.
»Paps«, sagte Martina schließlich leise, »am Tor warten die Leute auf dich und auf uns.«
»Müssen wir alle hin?« fragte Sabine.
»Das ist hier so üblich«, sagte Vater. »Kommt.«
Sie gingen die Straße vom Friedhof ins Dorf hinein. Die Hitze flimmerte über den Feldern. Am Straßenrand badeten Spatzen im glitzernden Sand. Und die Leute redeten, was eben nach Beerdigungen so gesprochen wird. Sie verglichen die Rede des Pfarrers mit der des Bürgermeisters. Der, fanden sie, habe sich selbst und den Pfarrer übertroffen. Eine Frau ärgerte sich, daß sie bei der Rede des Pfarrers kein einziges Mal habe weinen müssen, wohingegen sie die Rede des Bürgermeisters ein paarmal sehr berührt habe.
Plötzlich spürte Martina, daß neben ihr jemand ging. Zuerst waren das ein paar schnellere Schritte gewe-

sen, dann hatte die oder derjenige Gleichschritt aufgenommen, und jetzt erkannte sie das Mädchen, die blutjunge Mutter, Iris, bei der sie einmal mit ihrer Mutter gewesen war.
»Kennst du mich noch?« fragte sie.
»Selbstverständlich. Wie geht es dem Baby?«
Das Baby krabbelte schon auf dem Boden herum, war recht munter und hatte es fertiggebracht, aus dem Kinderbettchen ein Wackelgestell zu machen.
»Ich wär ja gern am Grab zu euch gekommen«, entschuldigte sie sich. »Aber ich hab mich nicht getraut. – Ach«, seufzte sie nach einer Pause, »du weißt gar nicht, wie wichtig deine Mutter für mein Leben war.«
Martina überlief ein Schauder, fast hätte sie losgeheult. Um sich vor dem Tränenausbruch zu retten, fragte sie schnell und mit knappem Atem: »Und deine Eltern?«
»Die Mutter schwenkt langsam ein, und der Vater tut noch immer auf Weltuntergang. Aber er kann nichts dafür. Er ist so erzogen. Er braucht eben lang.«
Sie waren am Gasthof »Zum goldenen Ochsen« angekommen, und Iris zögerte.
»Du kommst doch mit hinein«, sagte Martina.
»Nein, ich kenne ja niemand hier, und wenn sie mich fragen . . . Nein, ich gehe lieber zum Bus, ich muß auch wieder in die Arbeit.«
Martina machte keinen Versuch, sie zu überreden. Sie glaubte zu wissen, was das Mädchen befürchtete.
»Ich komm demnächst bei dir vorbei«, versprach sie.
»Mit dem Fahrrad. Auf jeden Fall danke schön, daß du gekommen bist.« Martina blieb stehen und sah dem Mädchen nach.

»Wer war denn das?« erkundigte sich Sabine.
»Eine Patientin von Mama«, sagte sie.
»Sieht aber nicht sehr krank aus.«
»War auch nicht krank, Sabine.«
»Wieso war sie dann Patientin?«
»Weil sie ein Kind gekriegt hat.«
Sabine schnappte nach Luft, dann fragte sie: »Und wo ist der Vater?«
»Das Bubi ist auf und davon, muß noch das Abi machen. Das ist die Reifeprüfung. Die hat er offensichtlich nötig.«
Sie konnte nicht weitersprechen. Eine Frau, im Dorf als redselig bekannt, lächelte ihnen zu und deutete zum blauen Himmel hinauf. »Jetzt wird sie schon da oben sein, eure Mama«, sagte sie. »Und mein Gott, die vielen Leute beim Begräbnis, und all die Blumen erst! Und sogar die Blasmusik! Schade, daß sie das nicht mehr erlebt hat. So ein schönes Begräbnis. Muß euch schon ein Trost sein, daß so viele Leute ihr die letzte Ehre erwiesen haben.«
Sabine öffnete den Mund, schwieg aber dann.
»Ich glaube, wir sollten hinein«, sagte Martina, um sich aus der Verlegenheit zu retten.
Im Saal war bereits ein Teil der Trauer dahingeschmolzen. Viele hatten schon ein Glas Bier vor sich stehen, das nicht einmal mehr halb voll war. Vater war von vielen Menschen umringt, die ihm noch Mut und Trost zusprechen wollten. Roman stand neben ihm und schien nicht zu begreifen, was da alles geredet wurde.
»Ach, da sind ja meine Töchter«, rief der Vater laut, um sich von der Gruppe zu befreien. »Kommt, wir müssen uns setzen.« Kaum hatten sie ihre Plätze ein-

genommen, winkte Vater die Kinder ganz nahe zu sich heran. »Üblicherweise wird es an einem heißen Tag nach einiger Zeit beim Leichenschmaus recht lustig. Die Leute sind durstig und trinken kaum Mineralwasser. Bevor die Stimmung zu ausgelassen wird, gehen wir, abgemacht?«
Wie auf Kommando nickten sie zu dritt.
Als die Suppe aufgetragen wurde, winkten sie ab.
»An einem heißen Tag Suppe!« empörte sich Sabine.
»Deine Mutter würde der Suppe an einem heißen Tag aus guten Gründen nicht so ablehnend gegenüberstehen«, sagte Vater. Dann schnappte er unvermittelt nach Luft und wischte sich die Augen.
»Daß du das mit dem Leichenschmaus so mitmachst«, warf Sabine Vater vor. »Ich begreife das einfach nicht.«
»Es ist ganz einfach der Brauch hier«, verteidigte Vater seinen Entschluß. »Und er hat seinen Sinn. Draußen am Friedhof ist jeder daran erinnert worden, daß er früher oder später auch diesen Weg zurücklegen muß. Mit einem Wort, da draußen hat jeder gewußt, daß er sterblich ist. Hier möchte es jeder wieder vergessen, und zwar schnell.«
»Ich esse auf keinen Fall etwas!« rief Sabine.
»Nimm doch wenigstens etwas Salat, der wird dir guttun«, versuchte Vater sie zu überreden.
Martina erinnerte sich an eine andere Szene in einem anderen Gasthaus. Damals waren sie auch ohne Mama gewesen, nur Sabine hatte gefehlt. Im Gegensatz zu damals würde sie heute etwas essen, nahm sich Martina vor. Die letzten Tage hatte sie kaum einen Bissen hinuntergebracht, und Mama hätte das sicher nicht gutgeheißen.

»Was gibt's denn?« fragte Roman.
»Weil Sommer ist, Schnitzel«, sagte Vater. »Im Winter hätte es Braten gegeben.«
»Na ja«, seufzte Roman. Er schien müde zu sein. »Werde ich halt ein Schnitzel essen. Hoffentlich ist das Messer scharf.«
»Die Leute schreien hier«, empörte sich Sabine. »Entsetzlich, wie laut sie sind. Ich komme mir vor, als wäre ich auf einem Jahrmarkt.«
»Schreien sie dort so?« fragte Roman und rieb sich die Augen.
Sabine schwieg, und Vater fand, man sollte sie ruhig laut sein lassen. Sie kämen von einer Beerdigung und seien wie Kinder im nächtlichen Wald, die pfiffen auch, wenn sie sich fürchteten.
Roman verkündete, daß er dringend müsse. Er rutschte von seinem Stuhl herunter und ging zur Toilette. Als er zurückkehrte, machte er ein nachdenkliches Gesicht. Schließlich fragte er: »Warum gehen viel mehr Männer auf die Toilette als Frauen?«
Sabine verzog das Gesicht. »Roman, ich bitte dich!« rief sie vorwurfsvoll.
Martina dachte, daß Mama eine richtige Antwort gewußt hätte, und Vater sagte: »Das kann ich dir ganz leicht beantworten. Beobachte einmal, wieviel die Männer trinken und wie wenig die Frauen.«
Roman gab sich zufrieden. Kurz danach hantierte er derart ungeschickt mit dem Messer, daß Sabine nicht mehr zusehen konnte. »Komm«, seufzte sie, »ich schneide dir das Fleisch.«
»Nein«, widersprach Martina, »das wirst du nicht tun, wie soll er es denn sonst lernen?« Sie wunderte sich, daß keiner von den beiden widersprach. Und sie

übersah auch nicht, daß Vater sie ganz merkwürdig ansah.
In dem Augenblick, da die Kellnerinnen mit dem Abräumen der Teller begannen, wurde es noch lauter in dem kleinen Saal. Als in einer Ecke schallend aufgelacht wurde – offensichtlich hatte jemand einen Witz erzählt –, blickte Vater sich um und fand, daß es an der Zeit wäre, zu gehen.
Draußen empfing sie die mittägliche Hitze, die Schatten der Häuser waren kurz und hart umgrenzt. Vor einem Hoftor lag ein schlafender Hund, alle viere von sich gestreckt, erschöpft von dem heißen Tag. Sie mieden die Hauptstraße und gingen durch Seiten- und Nebengassen durch das mittägliche Dorf auf ihr Haus zu. Martina wunderte sich, daß Mutter imstande gewesen war, diese sommerliche Schläfrigkeit in ihrer Umgebung zu ertragen. Dann aber erinnerte sie sich, daß Mutter diesen Schritt, aufs Land zu gehen, immer verteidigt hatte. Wahrscheinlich, um ihren Mann nicht zu kränken.
Das Haus empfing sie kühl und dämmrig, und das Wunder geschah nicht, daß Mutter die Treppe herunterkam und fragte: »Na, seid ihr wieder da?«
So leer und düster wie in diesem Augenblick hatte Martina das Haus nie empfunden. Vater schien es ähnlich zu gehen. Er stand verloren in der Diele und fragte: »Soll ich vielleicht Kaffee machen?«
»Für mich nicht«, sagte Sabine. »Ich dusche und leg mich dann ein bißchen hin.«
Roman fragte: »Fernsehen gibt es heute wohl nicht?«
Vater sog schnell die Luft ein, wie immer, wenn er heftig reagieren wollte, dann fragte er aber: »Was wolltest du denn sehen?«

»Etwas über Tiere in Afrika.«
»Ich denke, das darf er sich anschauen«, schlug Martina vor.
»Meinetwegen«, brummte Vater.
So blieben sie beide in der Küche zurück. Martina holte die Tassen und Untertassen aus dem Schrank. Vater setzte die Kaffeemaschine in Gang. Nach einer Weile fragte er: »Was hältst du denn jetzt von Sabine?«
»Irgendwie scheint sie mir vernünftig zu sein.«
»Ich denke, es war ein Fehler, daß wir sie da hingesteckt haben. Ich habe das Gefühl, sie findet sich hier nicht mehr zurecht. Das Dorf erstickt sie.«
»Aber das Internat ist teuer, können wir es uns noch leisten?«
»Wir können es uns leisten, sie zuerst noch nach England fahren zu lassen. Weißt du, ich möchte offen sein, ich sehe Ärger heraufziehen. Den hätten wir nicht, wenn wir ...«
». . . sie fahren ließen?«
»Ja, wenn sie übermorgen zurückfährt, erreicht sie die Gruppe und Miss Waddle noch in der Schweiz.«
Vater brachte den Kaffee auf den Tisch und setzte sich. Scheinbar gedankenverloren rührte er lange mit dem Löffel um, endlich sagte er: »Und nach dem Sommer sehen wir weiter. Aber nun zu dir.«
»Oje«, sagte Martina. »Ich weiß, ich habe Mama mit der Schule viel Sorgen gemacht.«
Vater schüttelte den Kopf. »Vielleicht hättest du nur eine andere Schule gebraucht, bemüht hast du dich ja. Wir, Mama und ich, wir haben vorige Woche noch lang über dich gesprochen. Mama ...« Vater traten die Tränen in die Augen, »... Mama hat gemeint, wir

sollten dich nicht länger quälen, und hat mich in deine Schule geschickt. Mit den wichtigsten Lehrern habe ich gesprochen. Sie mögen dich, weißt du, nur meinen sie, daß du es nicht schaffen würdest. Du müßtest diesmal wiederholen, nur, versteh mich richtig, wenn du abgehst, würden sie, weil du es bist, sämtliche Augen, auch die Hühneraugen, zudrücken, du hättest dann kein ›ungenügend‹ im Zeugnis.«
»Oh, Papa, das ginge?«
»Ja. Bleibt natürlich eine Frage: Was machst du dann?«
»Also, irgendeine Lehre würde ich sofort . . .«
»Ich könnte ja mit dem Filialleiter der Sparkasse hier . . .«
»Nein, das möchte ich nicht. Ich möchte etwas mit den Händen, ein Handwerk, verstehst du, also nicht Automechaniker oder Elektriker, etwas Natürlicheres. . . .«
»Mama hat mir erzählt, daß du ihr Entwürfe gezeigt hast, Farbskizzen für Teppiche und Stoffe . . .«
»Ich könnte ja zu der Weberei in Breitenau fahren und mich dort vorstellen. Und dann könnte ich hier im Haus üben, der Webstuhl funktioniert ja wieder. Und später . . .«
»Denk zuerst an jetzt. Im Dorf werden sie natürlich darüber reden, das mußt du schon bedenken.«
»Das macht mir nichts aus, solange ich etwas tun kann, was mir Freude macht.«
»Soll ich mit dir in die Weberei fahren?«
»Nein, das mache ich schon allein. Mit dem Rad schaffe ich das schon.«
»Dann hätten wir das auch«, sagte Vater. »Bleibt der größte Problemfall.«

»Roman?«
»Nein, ich. Verstehst du, ich bin achtundvierzig, war fast zehn Jahre nur im Haushalt. Also für die Leute ohne Beruf...«
»In deine alte Bank gehst du nicht, auf keinen Fall«, sagte Martina, als hätte sie das zu bestimmen. »Aber es gibt ja noch eine Menge anderer Banken. Bei irgendeiner wirst du schon etwas finden.«
»Zunächst habe ich noch genug Arbeit hier, die Endabrechnungen mit den Krankenkassen, die unbezahlten Rechnungen, die Steuererklärung. Zwischendurch könnte ich vielleicht auch sehen, ob nicht mit einer Versicherung etwas zu machen wäre. Versicherungen braucht schließlich fast jeder.« Bei Versicherung fiel Vater ein, daß Mutter zugunsten jedes Kindes eine Versicherung abgeschlossen hatte. »Die Summen werden jetzt fällig, aber ihr sollt erst mit zwanzig über das Geld verfügen dürfen. Bis dahin soll ich es anlegen, dann habt ihr auch noch die Zinsen und Zinseszinsen dazu. Die Restschuld vom Haus hier ist auch durch eine Versicherung gedeckt. Lina war eine sehr anspruchslose Frau. Für sich persönlich hat sie nie viel gebraucht. Und wenn, ist sie am liebsten in Billigläden geschlichen. Was ich ihr in Gelddingen geraten habe, hat sie gemacht. Übrigens, ich möchte die ganze Geschichte nicht noch einmal erzählen. Sagst du Sabine alles?«
Martina nickte. Vater stand auf. »Ich gehe hinunter zur Praxis, dort sind eine Menge Unterlagen. Außerdem muß ich eine Aufstellung von den Geräten machen, die wir angeschafft haben.«
»Gut, und ich geh zu Sabine hinauf und sag ihr das.«

13

Sabine lag im Bett, schlief aber nicht. Sie starrte an die Zimmerdecke, und Martina hatte den Eindruck, als habe sie geweint.
»Muß das jetzt sein?« fragte Sabine unfreundlich und wandte Martina den Rücken zu.
»Wart erst einmal ab, was ich dir zu sagen habe.«
»Kann ich mir gut vorstellen. Mit dem Internat ist es Essig, und mit den Ferien, na, ich kann es mir denken. Schwalbach hier ist ein schöner Ort mit guter Luft und allem Pipapo. – Ich sterbe hier vor Langeweile.«
»Mama war es hier nie langweilig.«
»Weil sie die einzige war, die hier etwas Richtiges zu tun hatte. Aber ich?«
»Nun, ein Jahr Schule hast du noch.«
»Und welchen Umgang in der Schule?«
Martina dachte, daß sie dann natürlich nicht so schnell mit einer Professorentochter aus Madrid und mit einer Miss Waddle aus Oxford oder sonstwoher parlieren konnte. Aber sie sagte: »Hör mir doch vielleicht erst einmal zu.«
»Ich höre schon die ganze Zeit.«
»Also, ich will dich nicht auf die Folter spannen. England und Miss Waddle mußt du nicht aus dem Kalender streichen.«
Sabine fuhr hoch. »Heißt das, ich darf zurück?«
»Zunächst einmal, ja. Nachher, meint Vater . . .« Zum ersten Mal sagte sie Vater und nicht Paps oder Papa.

»Nachher wird man noch sehen. Er weiß ja selbst nicht, wie es weitergehen soll. In seinem Alter kriegt man nicht so leicht einen gutbezahlten Job.«
»Aber England geht noch?«
»Ja. Und zum zwanzigsten Geburtstag bekommen wir alle was. Mama hat Versicherungen für jeden von uns abgeschlossen.«
»Für mich auch?«
»Ja, für dich auch. Das ist dann sicher etwas für die Dolmetscherschule oder wie das heißt.«
Sabine legte sich wieder auf den Rücken und starrte erneut die Decke an. »Hat sie je etwas über meine Briefe gesagt?« fragte sie leise.
»Nur, daß du geschrieben hast.«
»Und wütend ist sie nicht darüber gewesen?«
»Wütend nicht, nein.«
Sabine ließ einige Zeit verstreichen. »Hat sie sich überhaupt nicht darüber geäußert?«
»Nein. Nur...«
»Was nur?«
»Nur manchmal war sie traurig.«
Sabine atmete ein paarmal tief durch, um einen Tränenausbruch zu verhindern. Doch sie hatte ihre Gefühle offenbar nicht mehr unter Kontrolle. Mit einemmal brach es aus ihr heraus.
»Ist ja schon gut«, sagte Martina. Und erst, als sie das ausgesprochen hatte, wurde ihr klar, daß dies genau die Worte ihrer Mutter waren, wenn sie sich als Kinder zu ihr geflüchtet hatten, um sich auszuweinen. Die gleichen Worte und der gleiche Tonfall.
Sabine hatte sich aufgesetzt und preßte ihr feuchtes Taschentuch zusammengeknüllt gegen die Augen.
»Ist ja schon gut«, sagte Martina noch einmal.

Aber Sabine gab sich damit nicht zufrieden. Sie schüttelte den Kopf und heulte weiter.
Eigentlich sieht meine schöne Schwester jetzt richtig häßlich aus, dachte Martina. Durch das Weinen waren die Lippen verzerrt, das Kinn kraus, und der Unterkiefer trat stark hervor; die rote Nase troff, und aus dem Mund sabberte sie auch.
Zum erstenmal seit vielen Jahren legte Martina den Arm um Sabines Schulter. »Jetzt hör aber auf!« sagte sie streng, als habe sie wirklich etwas zu befehlen. – Was für einen dünnen Hals sie hat, dachte sie, und die Haut über ihren zuckenden Schultern schien auch ganz dünn. Die Pose der Überlegenheit, die Sabine sonst gern zur Schau trug, war dahin.
»Beruhige dich«, sagte Martina nun etwas sanfter, da nicht mehr die Gefahr bestand, daß sie von den Tränen Sabines mitgerissen wurde. »Nimm vor allem ein frisches Taschentuch, deins ist ja zum Auswinden.«
Sie ließ Sabine aufstehen und sich das Taschentuch aus der oberen Lade ihres Schubladenkastens holen. Eigentlich hatte sie einen Augenblick lang vorgehabt, das selbst zu tun, dann aber hatte sie gefunden, daß es vom erzieherischen Standpunkt aus besser war, wenn sich Sabine ihr Taschentuch selbst holte.
Sabine kehrte nicht zum Bett zurück, sondern blieb beim Schubladenkasten stehen. Martina hatte Verständnis dafür, daß sie ihr den Rücken zukehrte.
»Ich, ich, ich hab es wirklich ein paarmal versucht, ihr, ihr einen . . .« sie schniefte, »ihr einen richtigen Brief zu schreiben. Liebe Mama und so, aber es ging einfach nicht.«
»Ist ja gut«, sagte Martina. »Mama war nie nachtragend.«

»Bei mir schon.«
»Unsinn, das ist wirklich totaler Quatsch. Du hast dich doch gerade vorhin gefreut, daß du zu deiner Miss Waddle zurückfahren kannst.«
»Aber der Anfang in der Schweiz war ein gräßlicher Schock.«
»Der Anfang ist lang vorüber, und wer weiß, wo du hingeraten wärst, wenn sie weiter zugesehen hätte.«
»Ich habe nie etwas mit Männern gehabt.«
»Ja, ja, bis auf das eine Mal in Neustadt, wo ich dich selbst mit einem Mann gesehen habe. Während der Unterrichtszeit.«
Jetzt fuhr Sabine herum, kampfbereit stand sie da.
»Wann und wo?« fauchte sie dann.
»Wann? Ich hab es mir nicht aufgeschrieben, aber wo, kann ich dir genau sagen. Du bist mit ihm in ein Café gegangen, auf dem kleinen Platz in Neustadt. Ein Brunnen war auch da.«
»Gemein, du hast mir aufgelauert.«
»Quatsch, ich habe auch die Schule geschwänzt. Bus versäumt und so. Ich habe es aber Mama gebeichtet, später.«
»Und das mit mir natürlich auch.«
»Kein Wort davon, das solltest du wissen.«
»Und als wir aus dem Café rauskamen, bist du da hinter uns hergegangen?«
»Ich bin sofort weg, schließlich hatte ich Angst, daß du mich siehst und daß du es Mama sagst.«
Sabine schob mit dem Rücken die Lade zu und betrachtete Martina eine ganze Weile. »Es war einer vom Fernsehen«, sagte sie endlich. »Große Klappe und nichts dahinter wie alle diese Heinis dort. Leider merkt man das nicht gleich beim ersten Mal.«

»Wie bist du denn an den geraten?« Das interessierte Martina wirklich. Das Thema »Wie man an einen Freund gerät« beschäftigte sie ab und zu. Vor allem wußte sie nicht, wie man an denjenigen geriet, den man auch haben wollte. In ihrer Klasse war da totale Fehlanzeige. Sie hatte nie gedacht, daß zukünftige Männer so jämmerlich doof sein konnten. Der einzige, der in ihrer Klasse einigermaßen in Frage kam, den hatte sich Silvie geschnappt.
»Wie ich an den geraten bin?« fragte da Sabine sich selbst. »Ganz einfach, der war einmal in der Ballettschule. Suchte eine Darstellerin für eine Ballettserie. Angeblich. Er hat eine Weile zugesehen und ist dann gegangen. Als ich runterkam, auf die Straße, hat er mich angequatscht.«
»Als Mama dich damals auf der Treppe erwischt hat, warst du da mit dem weg?«
»Ach wo, da war das längst vorbei. Das war ganz harmlos damals. Wir waren in einer alkoholfreien Disco, und außer ein bißchen Geschmuse nachher im Auto ist nichts gewesen. Das hat mich ja so empört.«
Bei dem »bißchen Geschmuse im Auto« war Martina warm geworden. Geschmuse, das war Land auf der anderen Seite des Ozeans. Sie mußte sich eingestehen, daß »ein bißchen Geschmuse« sie in Gedanken sehr viel öfter beschäftigte als früher. Sie erhob sich von der Bettkante und sagte schnell: »Ich sollte wohl nach Roman sehen.«
»Jetzt hör doch zu! Das war doch der Grund für meine entsetzlichen Briefe. Es tut weh, wegen einer harmlosen Sache in ein Internat geschickt zu werden.«

»Das verwechselst du«, rief Martina. »Mama war nicht darüber wütend, daß du weg warst und vielleicht geschmust hast. Mama war wütend, daß du dich aus dem Haus geschlichen hast. Das war der Grund.«
»Und hätte ich sie gefragt, hätte sie nein gesagt, weil wir am nächsten Tag eine Schularbeit hatten. Unter dem Motto: Kind, ich meine es nur gut mit dir. Und er war wirklich ein netter Junge. Er hätte Mama bestimmt gefallen.«
»Hast du noch Kontakt mit ihm?«
Sabine schüttelte den Kopf. »Am Anfang schon, aber dann schlief es ein. Die Pausen zwischen den Briefen wurden immer länger und länger. Na ja, ich weiß gar nicht, wer aufgehört hat zu schreiben. Wahrscheinlich ich. Kann aber auch er gewesen sein.«
»Und nach ihm, war da etwas?«
»Auf dem Internat? Also, wenn ich wirklich gewollt hätte . . . Aber es kam mir nicht darauf an. Mama hätte wohl gesagt, mir sei der Knopf aufgegangen. Ich wußte plötzlich, was ich wollte. Ich habe es dir ja gesagt.«
»Jetzt muß ich aber nach Roman sehen«, rief Martina, obwohl sie das Wort vom »Knopf aufgehen« beschäftigte und sie gerne noch ein wenig vom Erfahrungsschatz ihrer Schwester mitbekommen hätte. Es war schlimm, so wenig zu wissen, wie sie wußte. Und sie dachte im Augenblick nicht an die Schule, sondern an das andere, an das Leben. An Zärtlichkeiten, die sie nur geträumt hatte, da wußte Sabine schon viel mehr.
Sie erwischte Roman, wie er längst nicht mehr afrikanische Elefanten auf dem Bildschirm betrachtete,

sondern von einer idiotischen amerikanischen Actionserie gebannt war. Gerade ging es um zwei Autos in engen Kurven, und die Reifen quietschten entsetzlich.
»Du durftest nur die Elefanten ansehen!« rief Martina. »Jetzt ist Schluß für heute.«
Roman begann zunächst zu raunzen und zu betteln. »Ein bißchen später«, maulte er, und schließlich wurde er frech und ungezogen, stampfte mit den Füßen auf und schrie sie an.
Daraufhin schaltete Martina die Autoverfolgungsjagd ab.
»Blöde Kuh«, schrie Roman nun.
»Gut«, sagte sie, »dann morgen auch kein Fernsehen.«
Roman hatte noch ein Schimpfwort auf Lager, überlegte es sich aber. »Weißt du überhaupt, warum afrikanische Elefanten so große Ohren haben?«
»Klar, damit sie besser hören können.«
»Ha, ha, ha!« Roman ließ sich auf die Sitzbank fallen. »Ist doch Quatsch.«
»Und wozu haben sie die großen Ohren?«
»Da gehen furchtbar viele Adern durch, und wenn sie die Ohren bewegen, kühlen sie ihr Blut.«
»Wenn du mir das gleich gesagt hättest, könntest du morgen auch fernsehen. Stimmt das mit dem Blutkühlen überhaupt?«
»Klar, die Ohren sind wie der Kühler beim Auto, der sorgt auch dafür, daß der Motor nicht zu heiß wird.«
»Merk dir eins, Roman«, sagte Martina. »Du kannst wunderbar mit mir auskommen, solange du mit mir vernünftig redest. In dem Augenblick aber, in dem du mich beschimpfst, werde ich unangenehm.«

14

Es war ganz klar. Sie war ein Stein in der untersten Reihe einer Mauer. Und nun wurde Reihe für Reihe, Stein für Stein über ihr abgetragen. Mit jedem Wimpernschlag ging ihr Atem leichter, zirkulierte ihr Blut unbehinderter, wuchs das Glücksgefühl in ihrer Brust. Der letzte Tag in einer Schule, die sie nie gemocht hatte! Am angenehmsten war sie noch an grauen, regenverhangenen Tagen gewesen, da konnte man sich aus dem Klassenzimmer wegdenken, zu Stränden hin mit goldenem Sand, zu kleinen, felsgeschützten Buchten, in denen man baden konnte, wie man war, nachher nackt auf einer schrägen Steinplatte liegen, die heiße Stirn der Sonne zugewandt...
Ob sie jemals noch imstande sein würde, sich derart aus einem erstickenden Raum hinauszudenken in prickelnde, meerwasserdurchsprühte Luft, in den heißen Sand unter den Füßen, um hineingenommen zu werden in das Ein- und Ausatmen des Meeres? Seltsam, daß es immer südliche Meeresstrände gewesen waren, zu denen sie in Gedanken geeilt war.
Fast hätte sie ihren Namen überhört, als er aufgerufen wurde. Aber sie ging hinaus, sah Kraweh zum ersten Mal ohne Vorbehalt in die Augen, wunderte sich, daß er »Ich möchte nachher noch kurz mit dir sprechen« sagte und ging, nein, schwebte nach dem Empfang eines Blattes Papier, das Zeugnis hieß, zurück zu ihrem Platz. Ab jetzt lief der Countdown, ab jetzt war alles klar und überschaubar. Es ging nur

noch um einige Minuten. Nicht mehr, als an den Fingern der Hände abzuzählen waren, dann war sie ganz und gar von der Bedrückung befreit.

Als die anderen sich erhoben, um mehr oder weniger schnell aus dem Klassenzimmer in die Ferien zu enteilen, sah Martina diesem Treiben zu, wie alte Leute dem Treiben junger Menschen zusehen, ohne es richtig zu verstehen.

Das also ist es gewesen, dachte sie und stand auf. Die Tage, ihre Reihenfolge, ihr Ablauf würden nun eine ganz andere Bedeutung bekommen. Nie mehr würde der Sonntagnachmittag die traurigsten Stunden der Woche bergen, weil in ihnen schon der Montagvormittag heraufdämmerte und mit ihm die Schule.

»Tja, Martina«, sagte vorne Kraweh, »wir beide haben ja einen anderen Abschied als die übrigen, nämlich für immer.«

Sie musterte Kraweh mit einem ernsten Blick und fand, daß niemand die Ferien dringender nötig hatte als er. Die braunen Ringe unter den Augen hatten sich vertieft, die Hautfarbe war noch wächsener geworden.

»Es mag ja oft den Anschein gehabt haben, daß ich dich nicht mag«, begann er und versuchte zu lächeln. Dabei zeigte er seine zu groß geratenen gelblichen Schneidezähne.

Vielleicht waren die Zähne der Grund, warum Kraweh so selten gelacht hatte, dachte Martina.

»Es ist nicht so, daß ich dich nicht gemocht hätte, im Gegenteil, ich mochte dich ganz gut leiden. Am Anfang hast du mich mit deinem verträumt-glücklich-verklärten Gesicht beinahe zur Raserei gebracht, weil ich ganz genau spürte, daß nicht mein Unter-

richt der Auslöser für diese Reaktion war. Aber später, viel später, habe ich dich so manches Mal beneidet. Und manchmal hätte ich mich gern ebenso heimlich, still und leise von meiner Umgebung weggestohlen wie du. Pech nur, daß ich über das Schüleralter hinaus bin.« Kraweh betrachtete sie noch einmal genau und sagte abschließend: »Ich fürchte, du wirst mir im nächsten Schuljahr abgehen. Die andere Befürchtung ist noch viel schlimmer, nämlich die, daß du mich keinen Atemzug lang vermissen wirst. Nein, nein, sag nichts! Wozu auch noch am letzten Schultag lügen. Aber eines wollte ich dich doch noch fragen, bevor du endgültig weg bist: Schreibst du eigentlich Gedichte?«
Sie spürte, daß sie im Gesicht zunächst weiß und dann rot wurde.
»Ich?« fragte sie und räusperte sich. »Ich? Gedichte? – Nein, ich habe nie ein Gedicht geschrieben, nie daran gedacht.«
»Seltsam, ich hätte gewettet, daß du schreibst.«
»Vielleicht nur in Gedanken, ohne es schriftlich niederzulegen«, sagte sie schnell, um den blassen, müden Kraweh nicht ganz zu enttäuschen. »Über die Leute im Bus oder im Wartezimmer meiner Mutter.«
Sie hielt plötzlich inne.
»Ach ja, deine Mutter«, sagte Kraweh, als erinnere er sich an etwas, das für ihn von Bedeutung war. »Ich habe sie sehr geschätzt, sehr, deine Mutter.«
»Manchmal bin ich mit ihr nachts hinausgefahren. Als Lotse, weil sie in der Dunkelheit fast nichts gesehen hat. Und jede nächtliche Fahrt war eine Geschichte.«
Sie hatten das Klassenzimmer verlassen und gingen

den langen, leeren Flur entlang zum Treppenhaus. Jetzt, da die Schüler schon auf und davon waren, wirkte der Flur riesig und als einzige Platzverschwendung, während man in den Pausen in der drangvollen Enge fast ersticken konnte.

Die Treppe stiegen sie schweigend hinunter. Irgendwo im weiten Gebäude fiel ein Besenstiel um, was einen lauten Knall mit langem Widerhall ergab.

»Also, mein Fräulein«, sagte Kraweh unten. »Glück auf allen deinen Wegen, und laß dich mal sehen in deiner alten Schule! Wir Lehrer hören immer wieder gern, was aus den Schülern geworden ist. Und wenn einer etwas erreicht hat, was aufgrund seiner schulischen Leistungen nicht zu erwarten war, und bei dir habe ich diesen Verdacht, dann ist das ein wichtiger Fingerzeig für unsereinen, daß man einen Menschen, auch einen jungen, nicht mit Noten zwischen eins und sechs erfassen kann.« Er drückte ihre Hand kurz und fest und wandte sich hernach schnell ab. Martina spürte, daß sie damit aus der Schule entlassen war, und es erleichterte sie, daß ihre Schulzeit ohne Dissonanzen endete; im Gegenteil, es war ein Abschluß, den sie so bald nicht vergessen würde. Sie hatte ein besseres Zeugnis in der Hand, als sie eigentlich verdiente, schließlich bedeutete es »mittlere Reife«, und das Gespräch mit Kraweh hatte ihr gezeigt, daß sie nicht für eine Idiotin gehalten wurde.

Martina überquerte erleichtert den Schulhof und sah auf der Straße den Schülern zu, die von ihren Eltern mit den für die Ferien vollgepackten Autos abgeholt wurden.

Vater und Mutter hätten sie bestimmt nicht mit dem gemieteten Wohnmobil abgeholt. Sie haßten dieses

Losbrausen am letzten Schultag, um möglichst bald im nächsten Stau zu stecken. Aber am nächsten Montagmorgen wären sie gestartet, dem allgemeinen Trend entgegengesetzt, nach Norden.
Einen Augenblick sah sie zu, wie Zwillinge, wahrscheinlich aus der fünften oder sechsten Klasse, in einen überladenen Kleinwagen mit turmartigem Dachaufbau hineingestopft wurden. »Schnell, schnell!« befahl der Vater, während die Mutter mit beiden Händen den Einstieg ihrer Kinder zu beschleunigen versuchte.
Martina war schon eine kleine Strecke weitergegangen, als sie von dem ratternden Wagen überholt wurde. Wahrscheinlich fahren sie auf einen Campingplatz, dachte sie. Der plastikverhüllte und mit Seilen verschnürte Dachaufbau sah ganz danach aus. Und der Mann will noch vor Einbruch der Dunkelheit ankommen. Eine Übernachtung unterwegs war wohl zu beschwerlich, das hieße den Dachaufbau abzumontieren, die Verschnürung zu lösen, das Zelt aufzustellen und am nächsten Morgen wieder zu verpakken . . . Und unterwegs ein paar Stunden Schlafpause im Wagen einzulegen, das ging auch nicht, die Kartons und Schlafsäcke im Wageninneren erlaubten kaum eine Bewegung. Was war wohl der Mann von Beruf? Ein Beamter sicherlich, der es eilig hatte, so rasch wie möglich von seinem Amt und damit auch von seinem Vorgesetzten wegzukommen. Ein kleiner Beamter, einer, der Anträge entgegennahm, sie mit dem Eingangsstempel versah und sie dann in verschiedene Fächer legte.
»Meine Beamten sind die bravsten Patienten«, hatte Mutter immer gesagt. »Das sind die einzigen, die sich

wirklich ins Bett legen, wenn ich ihnen Bettruhe verordne. Geschäftsleute oder Freiberufler tun das nie.«
Jetzt bog die Blechkarre vorne links in die Hauptstraße ein, also ging es in Richtung Autobahn. – Was die wohl für eine Wohnung hatten? Sicherlich eine kleine mit gerade noch erschwinglicher Miete. Zweieinhalb Zimmer, entschied sie. Ein größeres als Wohnzimmer, ein kleineres als Elternschlafzimmer und ein winziges für die Zwillinge, mit Stockbetten. – Ob der Mann die Frau küßte, wenn er zur Arbeit ging, ob sie ihm vom Küchenfenster oder vom Balkon nachwinkte, wenn er aus dem Haus war? Und am Abend, schliefen sie da noch miteinander oder nur mehr nebeneinander? Waren sie sich zur Gewohnheit geworden und einander gleichgültig, oder hatten sie noch Herzklopfen oder gar Sehnsucht nach dem anderen?
»Hej, Martina!« rief da eine bekannte Stimme. Es war Jens aus ihrer Klasse. Aus ihrer *früheren* Klasse, sagte man jetzt wohl besser. Er rief sie aus dem Vorgarten des Eissalons VENEZIA, der gern von Schülern aufgesucht wurde.
»Martina, komm!« riefen nun einige andere. Sie ging auf die drei runden Tischchen zu, die sie zusammengerückt hatten. Da saßen sie zu acht, alles noch vertraute Gesichter, vertraute Stimmen und vertraute Namen. »Du bist ja wohl die Glücklichste heute«, sagte Tankred, der auch nicht gerade eine Superleuchte war. »Geht ab, geht auf und davon. Deine Eltern sollte ich haben!«
»Quatschkopf!« rief Jens. »Willst du eine tote Mutter?«
»Hört auf«, befahl Silvie, »sonst geht sie gleich wieder.«

Martina setzte sich auf einen Stuhl, den man ihr hinschob.
»Woran hast du denn gedacht, vorhin?« fragte Brigitte, die wieder einmal das beste Zeugnis nach Hause schleppte.
»An was soll sie gedacht haben?« keifte Silvie, die sie beschützen wollte.
»Doch, ich habe an was gedacht. Da war so ein hochbepackter Kleinwagen, da mußten Zwillinge hinein, ich glaube, aus der Fünften.«
»Nein, die sind schon in der Siebten. Die werden so klein gehalten, damit sie ins Auto passen«, rief Jens.

»Sie wünschen?« fragte sie da das Mädchen, das bediente.
»Ach . . .« Martina fielen alle möglichen Eisbecher ein, schließlich bestellte sie einen Coup Danmark, Vanilleeis mit heißer Schokolade.
»Kommt sofort«, sagte das Mädchen, das nicht viel älter als sie sein konnte. Ob es auch die Schule abgebrochen hatte? Und wieviel mochte sie verdienen? Sicherlich erhielt sie ihren Lohn wöchentlich ausbezahlt. Dazu kam dann noch das Trinkgeld. Aber was machte sie im Winter, wenn das VENEZIA geschlossen hatte und die Besitzer in ihrer italienischen Heimat waren?
»An was denkst du denn jetzt schon wieder?« fragte Brigitte, die sich eine Zigarette angesteckt hatte.
»Ach nichts, es war nur so allgemein.«
»Sicher hat sie darüber nachgedacht, was sie in den Ferien treiben wird und ob es sich lohnt, noch länger Jungfrau zu bleiben.« Jens lehnte sich genüßlich in seinem Stuhl zurück.

»Quatsch doch nicht so blöd«, schrie nun Silvie. »Mein Gott, Mann, kannst du blöd sein, Jens.«
»Der Coup Danmark«, sagte die Bedienung und stellte das Tablett mit dem Eisbecher und einem Glas Wasser vor Martina hin.
»Ich möchte gleich zahlen, bitte.«
»Macht sechsfünfzig«, sagte das Mädchen.
Martina legte einen Zehner hin und sagte: »Auf sieben, bitte.«
Dann steckte sie die drei Mark in ihre Börse zurück und wandte sich an Brigitte. »Hast du schon eine Ahnung, was du studieren wirst?«
»Informatik«, antwortete Brigitte ohne die geringste Denkpause. »Und du, was hast du jetzt vor?«
Martina hätte gern ebenso schnell geantwortet wie Brigitte, nur, es fiel ihr nicht ein. »Kunsthandwerk«, sagte sie schließlich. »Irgend etwas Sinnvolles mit den Händen. Ich habe Entwürfe für Webteppiche gemacht und auch einen Webstuhl daheim. Aber vorher muß ich natürlich in eine Lehre. Es gibt da eine sehr gute Weberei.«
»Du wirst schon das richtige für dich finden«, meinte Brigitte. Und sie sagte das nicht nur so, sondern schien davon überzeugt zu sein, was Martina sehr half. »Und wenn du eine Lehre gemacht hast, kannst du ja weitermachen, bis zur Fachhochschule.«
»O Gott, soweit denke ich noch gar nicht. Wir haben noch eine Menge zu überlegen, und mein Vater muß jetzt ja auch wieder jobben. Das heißt, wenn er etwas findet.«
»Ich glaube, eine Frau tut sich in einem solchen Fall leichter.«
Martina fand es eigenartig, ein solches Gespräch zu

führen und zwischendurch Eis und erkaltete heiße Schokolade zu essen. Was würde Vater wirklich unternehmen? Und würde es etwas nützen? Im Augenblick strahlte er nicht große Zuversicht aus. Und Zuversicht und Selbstbewußtsein waren gefragt, neben allen anderen Fähigkeiten, die man haben mußte.
Sie hörte, wie Tankred Anna fragte, die ein sehr stilles Mädchen war. »Und wie sieht es bei dir aus?«
»Pharmazie«, sagte Anna. »Ich möchte Pharmazie studieren.«
»Ach, weil dein alter Herr eine Apotheke hat, wie heißt sie doch gleich? Marienapotheke, wie?«
»Ja, mein Vater hat die Marienapotheke.«
»Wenn du dann drinstehst, komm ich zu dir und kauf dir was ab«, sagte Jens.
»Kann mir schon vorstellen, was«, rief Silvie. »Kondome und dergleichen.«
»Genau«, sagte Jens.
Martina erhob sich. »Nun ja, ich muß zum Busbahnhof. Schöne Ferien euch allen!« Sie winkte kurz und ging.

— 15 —

»Am Zeugnistag sind wir früher immer an den Waldsee gefahren«, sagte Vater, als Martina von der Zeugnisverteilung heimkehrte. »Mama mochte die Forellen im Restaurant dort sehr gern. Ich war heute unterwegs und habe nichts gekocht. Wollen wir wieder hin?«
Zunächst dachte Martina daran, daß das Seerestaurant nicht gerade billig war. Dann überfiel sie der Gedanke, daß Vater wieder schwermütig werden könnte, wenn ihn dort alles an früher erinnerte, als Mutter noch dabei war. Feuchte Augen hatte er schon. Außerdem verdiente zur Zeit keiner im Haus, und man mußte sich wohl einschränken.
»Letztes Mal war es nicht besonders schön«, begann sie, »erinnere dich an die vielen kleinen Fliegen, die da immer in die Trinkgläser hineinwollten, wir mußten die Bierdeckel auf die Gläser legen. Du hast sogar geflucht.«
»Weil ich immer wieder ein paar von diesen kleinen schwarzen Dingern im Wein hatte.«
»Wie wär's, wenn ich zur Grillbude fahre und ein Hähnchen bringe? Du machst einstweilen Salat, und wenn du willst, schmeißt du eine Portion Kochbeutelreis ins kochende Wasser. Wir können dann auf der Terrasse essen. Wo ist eigentlich Roman?«
»Der ist gleich wieder weg. Irgendwo hilft er irgend jemand beim Erdbeerpflücken.«
Martina dachte, daß das nur bei Frau Gerber sein

konnte. Die hatte Schwierigkeiten beim Bücken und ein sehr großes Erdbeerbeet.
Beim Essen, zu dem sich auch Roman eingestellt hatte, erzählte Martina fast ununterbrochen von ihrem letzten Tag in der Schule, und wie Kraweh noch mit ihr gesprochen hatte und ganz nett gewesen war. Auch vom VENEZIA berichtete sie, allerdings nicht ausführlich. Als sie sich anschickte, den Tisch abzuräumen, tauchte plötzlich ein fremder Mann auf der Terrasse auf. Er blickte Vater fest an und sagte: »Verzeihung, Herr Wengen?«
Als Vater das bejahte, entschuldigte sich der Fremde wortreich und nannte seinen Namen, der sich anhörte wie Kevenich. Dann erfuhren sie, daß er von einer Versicherung kam, und zwar von einer ganz bestimmten Versicherung, sehr seriös, international verflochten mit Schweizer und englischen Versicherungen. Martina wollte den guten Mann schon hinauskomplimentieren, da sagte er, daß Vater auf eine Stellenanzeige geantwortet habe und er nun da sei, um mit Vater über dessen Bewerbung zu sprechen.
»Machst du uns Kaffee?« fragte Vater Martina und wandte sich dann an Herrn Kevenich, oder wie immer er hieß. »Sie trinken doch auch ein paar Tassen mit?«
»Eine, höchstens zwei.«
»Gerne«, sagte Martina und verschwand mit dem Tablett im Haus. Roman hatte sich schon vorher wieder zu Frau Gerber und ihren Erdbeeren abgesetzt.
Als Martina den Kaffee auf die Terrasse brachte, hatte der Gast bereits eine Mappe auf dem Tisch liegen und sprach davon, wie leicht es im Grunde sei, Versicherungen seiner Firma an den Mann beziehungswei-

se an die Frau zu bringen. Und wieviel man im Monat mit Sicherheit, abgerundet versteht sich, verdienen könne.

»Sie werden natürlich von mir hervorragend eingearbeitet, wir haben dann Wochenendseminare, wo Sie Spitzenkräfte auf diesem Gebiet schulen. Psychologie, Verkaufstraining, Kundengespräche mit Videoaufnahme. Und die ersten Schritte mache dann natürlich ich mit Ihnen.«

Vater, der in letzter Zeit sehr niedergeschlagen war, schien am Optimismus des Herrn Kevenich Feuer zu fangen. Er stellte Fragen, machte Vorschläge, seine bleichen Wangen röteten sich.

»Sie müssen sich vorstellen: Ich war Bankkaufmann und bin dann, weil meine Frau Ärztin war und weil sich das kaum anders machen ließ, vor allem der Kinder wegen, im Haus geblieben, als Hausmann sozusagen. Jetzt lechze ich geradezu nach ordentlicher Arbeit, nach Kundenkontakten, nach . . .«

». . . ordentlichem Geldverdienen«, fügte Herr Kevenich hinzu. »Herr Wengen, ich sehe, nein, ich spüre es, daß wir gut zusammenarbeiten werden.«

Martina zog sich langsam zurück. Die Siegessicherheit des Herrn Kevenich begann sie zu bedrücken. Vater war nicht der Mann, der Leute mitriß, er war bestimmt ein guter und gediegener Berater, aber das, so sagte ihr das Gefühl, war dann auch schon alles. Die übertriebene Selbstsicherheit des Herrn Kevenich fehlte ihm.

Sie fand es seltsam, daß Vater und sie praktisch in der gleichen Lage waren, sie beide standen vor einem Neuanfang. Natürlich war Vaters Lage schwieriger, denn er *mußte* für sie alle verdienen. Sie, Gott sei

Dank, noch nicht. Am Montag würde sie losziehen. Mit einer Mappe auf dem Gepäckträger des Fahrrades. Zu dieser Heimstattweberei zuerst. Es wäre doch gelacht, würde man sie dort nicht mit offenen Armen aufnehmen. Ein Mädchen, das immerhin nicht nur Entwürfe, sondern auch schon ein paar Muster aus ihrem Webstuhl vorlegen konnte ...
Der Montagmorgen war auch wie geschaffen dazu, etwas Neues und Großartiges zu beginnen. Vater hatte es sich nicht nehmen lassen, das Frühstück auf den Tisch zu bringen. Er redete die ganze Zeit auf sie ein.
»Denk immer, du hast einen großen Vorteil«, sagte er ein paarmal. »Du siehst adrett aus, kommst wirklich aus einem guten Stall, du weißt dich auszudrücken, und wenn das Abgangszeugnis auch nicht ein Glanzstück schulischer Leistungen ist, so kommst du doch nicht aus Deppendorf an der Blöde. Tritt bestimmt auf, mit Selbstbewußtsein, aber nicht übertrieben; sei andererseits aber auch nicht zu unterwürfig.«
»Ich werde es schon schaffen«, sagte sie und würgte das letzte Stück vom Frühstücksbrot hinunter.
Vater kam mit zur Garage und sah ihr zu, wie sie sich aufs Rad schwang und davonfuhr. Martina hob immer wieder die rechte Hand und winkte, bis sie unten in die Hauptstraße einbog.
Knappe anderthalb Stunden später war sie in Breitenau. Auf dem Hauptplatz stieg sie vom Rad, um ein bißchen zu verschnaufen, schließlich wollte sie nicht atemlos ihrem zukünftigen Chef gegenüberzutreten. Im Schatten einer Linde sammelte sie sich für ihr Vorhaben.
Vor ihr lag ein kleiner idyllischer Dorfplatz, leicht zur

Kirche auf der einen Schmalseite hin ansteigend, umrahmt von wohlproportionierten, alten Häusern. Auf beiden Seiten der Straße blieb Raum genug für Wirtsgärten und Parkplätze. Linden spendeten Schatten. Zwei Brunnen plätscherten ihr Wasser in kreisrunde Becken. Kinder bespritzten sich und quietschten vor Vergnügen. Vor dem prächtigsten Haus, dem »Goldenen Löwen«, zwei Fahnenmasten mit der Landesfahne.
Wie mochte der Mann aussehen, mit dem sie in Kürze zu tun haben würde? Und wie fing sie selbst am besten ihr Vorstellungsgespräch an? »Mein Name ist Martina Wengen«, sagte sie halblaut, aber bestimmt. Niemand sollte daran zweifeln, daß sie so und nicht anders hieß. Und dann mußte sie wohl sagen, daß sie eine Lehrstelle suche. Mein Gott, spach sie dann mit sich selbst. Ich hätte wohl zuerst zum Arbeitsamt gehen sollen. Dort hätte man sie beraten, ihr sogar vielleicht ein Formular in die Hand gedrückt, mit dem sie sich dann vorstellen konnte. Möglicherweise kam sie jetzt, zu Beginn der Ferienzeit, schon zu spät.
Sie sah sich um und entdeckte eine Hinweistafel für den Betrieb, den sie suchte: Heimstattweberei Breitenau. Wenn das kein Glück war! Sie gewann wieder Oberwasser und stand tatsächlich einige Minuten später im Hof eines alten Gebäudes, das früher ein Bauernhof gewesen sein mußte. Noch während sie nach einem Schild suchte, auf dem »Büro« oder »Geschäftsleitung« oder irgendein Hinweis stand, mit dem etwas anzufangen war, trat ein Mann aus einer schmalen Holztür, von der der Lack abblätterte. Kurz war hinter ihm hölzernes Klappern zu hören. Er hat-

te einen grauen Arbeitsmantel an, trug auf dem Kopf eine speckige Schirmmütze aus Leder, rückte an seiner Brille und fragte: »Suchen Sie am Ende mich?«
»Ich würde gern den Chef sprechen«, sagte sie und befeuchtete ihre Lippen.
»Und was möchten Sie vom Chef?«
»Meine Schulzeit ist abgeschlossen, und ich habe die mittlere Reife und . . .« sie spürte, daß sie in ein falsches Fahrwasser geriet.
»Kindchen«, sagte er, »ich sehe es fast ihrer Nasenspitze an, daß Sie sich vollkommen falsche Vorstellungen von unserem Betrieb hier machen. Das hier, die Arbeit an den Webstühlen, das ist eintönige Arbeit. Und Sie haben eher etwas Kreatives im Kopf, Design und so. Dafür gibt es Schulen, ich könnte ihnen da einige . . .«
»Nein, danke. Ich weiß, diese Schulen kosten Geld, ich wollte wenigstens ein bißchen eigenes Geld . . .«
Der Mann tat überrascht. »Was sind denn Ihre Eltern?«
»Mein Vater ist Bankkaufmann, und meine Mutter ist, entschuldigen Sie, war Ärztin.«
»Und da kommt eine Schule nicht in Frage?«
»Mein Vater ist arbeitsloser Bankkaufmann«, erklärte Martina.
»Ich verstehe«, sagte der Mann. »Aber das hier ist nicht das, was Sie brauchen. Das hier ist ein Familienbetrieb mit ein, zwei Hilfsarbeitern. Tut mir leid für Sie.«
»Ja, dann . . .«, sagte Martina, »dann entschuldigen Sie die Störung.«
»Sie haben bestimmt Fähigkeiten, die Sie anderswo besser einsetzen können.«

»Danke«, sagte sie, obwohl sie nicht recht wußte, wofür sie sich bedankte. Sie drehte ihr Rad herum und fuhr durch die Toreinfahrt wieder hinaus.
Auf dem Hauptplatz setzte sie sich in den Vorgarten eines Cafés und bestellte beim Kellner einen Eiskaffee. Dafür esse ich dann nichts zu Mittag, sagte sie sich, denn die Zeiten, da Geld fast keine Rolle spielte, waren vorbei. Verdammter Mist! fluchte sie innerlich, und sie bedauerte Vater, weil sie mit einer schlechten Nachricht nach Hause kommen würde.
»Hej!« rief da jemand, »wie kommst denn du hierher?« Es war die Bedienung, weiße Bluse, schwarzer Rock, unter einem weißen Minischürzchen die dicke Geldbörse, in den Händen das Tablett mit dem Eiskaffee und ein Glas Wasser. Es war die junge Mama mit den vergrämten Eltern, Iris.
»Du arbeitest hier?« fragte Martina wenig geistreich.
»Wie du siehst.«
»Und das Baby?«
»Ist bei den Eltern. Dem Kind haben sie inzwischen verziehen, daß es auf der Welt ist. Vielleicht verzeihen sie mir auch noch einmal, daß ich die Mutter bin. Und wie kommst du hierher?«
»Eine vermurkste Geschichte«, begann Martina und erzählte Iris, weshalb sie hier war und wie erfolgreich sie gewesen war.
»Ich würde an deiner Stelle nicht allzu traurig sein. Man sagt allgemein, daß die Weberei zu kämpfen hat. Weißt du, wirtschaftlich und so. Du findest sicher etwas viel Besseres. Weißt du, mit Zukunft und so.«
Jetzt konnte Martina sich Zeit lassen, zumal der Kaffeehausgarten nicht überlaufen war. Außerdem er-

fuhr sie noch einiges, was ihr Iris im Vorübergehen oder bei kurzen Aufenthalten an ihrem Tisch mitteilte.

Zusammengefaßt ergab sich folgende Erklärung dafür, daß Iris im Café »Gertrud« arbeitete und nicht anderswo. Eines Tages war die andere Großmutter des Kindes, die Mutter des Vaters, im Haus ihrer Eltern aufgetaucht, um die Sache mit Geld gutzumachen. Ein Bündel Banknoten in ihrer offenen Handtasche bewies das. Ja, mehr noch. Iris hätte in ihrem Betrieb auch arbeiten können. Aber das hatte sie übereinstimmend mit ihren Eltern ausgeschlagen.

»Was haben denn seine Eltern für ein Geschäft?« fragte Martina ahnungslos.

»Das da schief gegenüber.« Iris hatte mit dem Kopf auf das prächtige Haus hingedeutet. Es war der »Goldene Löwe« mit den zwei Fahnenmasten davor.

»Und warum bist du dann hier?« fragte Martina, als sie zahlte.

»Ein bißchen Bosheit mußt du mir schon zugestehen. Er, ich meine den Papi von Anna Katharina, sieht mich dadurch mehrmals am Tag.«

»Ja, und?«

»Er wird jedesmal blaß, wenn er mich sieht. Und das genieße ich.«

16

Als sie aufbrach, war das Kapitel Teppichweben, was die Lehrstelle anbelangte, erledigt. Nicht erledigt war das Problem, daß sie unbedingt einen akzeptablen Beruf erlernen mußte. Auf ihrem Rad fühlte sie sich etwas freier, der Fahrtwind kühlte sie, und die sommerliche Landschaft milderte ihre Bedrückung. Außerdem war die Rückfahrt durch längere Gefällestrecken wesentlich leichter als die Hinfahrt.
Sie konnte an Iris denken, an deren Eltern und vor allem auch an das Baby. Sie überlegte, welche Sicherungen da durchgebrannt sein mußten, daß es dazu gekommen war. Sie selbst hatte leicht reden. An Situationen, in denen sie in Versuchung hätte geraten können, konnte sie sich nicht erinnern. Herzklopfen und Ohrensausen hatte es nicht gegeben, bis auf einen leichteren Fall, als Fabian damals die Stellage um die Fenster baute. Na ja, und die Arbeit am Webstuhl. Aber das war kein nachhaltiges Erlebnis gewesen.
In einem Waldstück mit tiefen Schatten waren links und rechts der Straße viele Urlauber mit Bergstöcken in der Hand auf Pilzsuche. Hier überraschte sie ein Wegweiser, auf dem abzulesen war, daß es von hier nach Leonhardsbrunn nur vier Kilometer weit war. Sie entschloß sich kurzerhand, diesen Weg zu nehmen, weil ihr die Strecke von Leonhardsbrunn nach Hause vertrauter war. Beim Forellenanwesen legte sie eine kurze Pause ein, um sich zunächst das

Schlößchen mit der Freitreppe und dem Arkadengang anzusehen, den leisen Verfall des Baues, der Wehmut weckte, und danach in ein paar Becken zu gucken, in denen sich die Fische in verschiedenen Größen tummelten. An einem Becken traf sie den Besitzer, der sie erkannte und grüßte.
»Ganz allein heute?« fragte er über das Wasser hinweg.
Sie nickte und sah ihm zu, wie er einige Forellen mit dem Netz aus dem Wasser holte und in einen Bottich warf, der auf einem Handkarren stand.
»Müssen Sie die heute noch abmurksen?« fragte sie.
»Gott sei Dank nicht, die sind für einen Gasthof. Die haben noch einige Stunden oder sogar Tage vor sich. Lange Zeit bleibt für keinen. Der Sommer, der Fremdenverkehr, die vielen Gäste...«
Ob sie es in einem Fremdenverkehrsbetrieb versuchen sollte? Nicht direkt als Bedienung wie Iris, aber in einem Hotel an der Rezeption? Freundlich zu sein fiel ihr nicht schwer, und neben den paar Brocken Englisch, die sie verstand, konnte sie auch einige Worte reden. Aber ob das ein Beruf war, der fürs ganze Leben reichte? Zu einem eigenen Betrieb, und wenn es nur eine kleine Pension war, würde sie so gut wie nie kommen. Und Aufstiegsmöglichkeiten gab es auch so gut wie keine. Wo gab es überhaupt die nächste Fachschule für Gastgewerbe- und Hotelleriewesen, falls es so etwas gab?
»Ja«, rief sie über das Wasser hinüber. »Es sind eine Menge Fremde hier, oben im Wald waren sie scharenweise, alle mit Stöcken.«
»Ja, ja, es bestünde sonst die Gefahr, daß man sie nicht erkennt.« Der Mann lachte.

»Wiedersehen!« rief sie schließlich, »ich muß nach Hause.«

Kurz danach war sie auf der Fahrstraße durch den Auwald, auf der sie schon oft mit ihrem Vater gefahren war. Und da befand sich, sie hatte es fast vergessen, die Tischlerei Porstinger, bei der sie einiges hatten bauen lassen und in der auch der gewisse Fabian arbeitete. Als sie an die langgestreckte Baracke der Werkstatt heranfuhr, fiel ihr auf, daß keine Sägegeräusche zu hören waren. Die Tür und einige Fenster standen offen, wahrscheinlich, um durch Luftzug Kühlung in den Raum zu bringen. Das hatte den Vorteil, daß sie schon draußen den Harzduft des Holzes riechen konnte.

»Hallo!« rief sie an der offenen Tür in die Werkstatt hinein. »Ist niemand da?«

Keine Antwort. Niemand war da. Knacken im Gebälk der Dachkonstruktion deutete an, daß im Augenblick hier nur das Holz arbeitete.

Rechts hinten schlug eine Tür zu. Das konnte auch der Luftzug gewesen sein, aber dann hörte sie Pfeifen. Und schließlich tauchte um die Ecke herum Fabian auf. Er erschrak, als er sie sah, das Eßgeschirr, das er in beiden Händen trug, wäre fast zu Boden gefallen.

»Bin ich so fürchterlich, daß du so zusammenfährst?« fragte sie.

»Überhaupt nicht. Ich war nur nicht darauf gefaßt, daß da jemand steht.«

»Hallo«, sagte sie dann, »wie geht's dir so?«

»Du siehst, ich halte allein die Stellung. Ein paar sind auf Urlaub, und mit den anderen ist der Chef auf einer Baustelle. Ich mache gerade Mittagspause.« Er

hielt ihr das Kochgeschirr hin. »Nudelsalat«, erklärte er. »Willst du was davon haben?«
»Eigentlich habe ich keinen Hunger.«
»Ein bißchen nur, Mutter macht ihn immer sehr gut. Komm, setz dich.«
Er setzte sich auf die oberste Stufe vorm Werkstatteingang, und sie setzte sich daneben. Als sie saß, wollte er wieder aufstehen, um irgendwo eine zweite Gabel für sie zu suchen.
Martina hielt ihn jedoch zurück. »Bleib da«, sagte sie. »Ich kann ja mit deiner Gabel essen.« Und sie kam sich eigentlich ein bißchen kühn dabei vor.
»Wirklich?« fragte er verwundert.
»Für was hältst du mich denn?« fragte sie zurück.
»Ich dachte...«
»Du dachtest was?«
»Pastoren- und Arzttöchter machen so etwas nicht.«
Er hielt ihr die vollbepackte Gabel hin, und sie öffnete den Mund und streifte mit der Oberlippe den Nudelsalat von den Zinken der Gabel. »Mhm«, machte sie. »Sehr pikant.«
Jetzt nahm er sich eine Gabel voll, und die nächste hielt er wieder ihr hin. – Es wurde ein Spiel daraus. Martina nannte das Spiel einfach »Nähe«.
Einmal biß sie mit ihren Zähnen auf die Zinken der Gabel, so daß er sie schwerer zurückziehen konnte.
Danach sahen sie einander eine Zeitlang an. Sie mußte zuerst lachen. Er blieb ernst. »Wieso kommst du überhaupt vorbei?«
»Zufall«, sagte sie. »Hab ein Straßenschild gesehen. Leonhardsbrunn, vier Kilometer stand drauf.«
»Und wie bist du zu diesem Schild gekommen?«
»Von Breitenau her. Mit einer herben Enttäuschung

übrigens. Eigentlich brauche ich eine Schulter zum Weinen.«
»Oh«, sagte er. »So schlimm?«
»Mittelschlimm.«
»Ja, wenn dir eine von meinen Schultern genügt, kannst du sie haben.«
»Ich komme vielleicht auf das Angebot zurück.«
»Du kriegst sie mit Hemd drüber, aber auch ohne Hemd, falls du es wünscht.«
»Das Hemd saugt wohl besser die Nässe auf«, sagte sie. Verdammt, sie machte sich gut, fand Martina. Spielte da einen Part, als hätte sie weiß Gott wie oft dafür geprobt.
»Im Ernst«, sagte da Fabian. »Was ist los? Hast du am Ende Liebeskummer?«
»Ha, wenn es nur das wäre.« Sie stierte vor sich hin. »Ich wollte eine Lehrstelle haben und habe sie nicht gekriegt. Das heißt, sie haben offensichtlich keine.«
»Das ist doch kein Beinbruch. Lehrstellen gibt es genug. Wir suchen auch Lehrlinge.«
»Aber ich wollte in die Teppichweberei, weißt du. Heimstattweberei Breitenau. Dachte, das wäre das richtige für mich.«
»Aber wieso Lehrstelle, hast du etwa mit der Schule aufgehört?«
Martina nickte.
»Tatsächlich?« Er tat, als hätte sie ihm eine große Freude bereitet. »Mensch, Mädchen, das find ich toll.«
»Ich hätte sonst eine Ehrenrunde drehen müssen, und ich hatte nicht das Gefühl, daß ich sie spielend schaffen würde. Ich weiß nicht, ich bin sonst nicht so

müde, aber im Unterricht ging es mit mir wahnsinnig schnell bergab, überhaupt keine Kondition.«
»Wie bei mir«, sagte er. »Sie haben mich alle für einen Trottel gehalten, was sag ich, für einen Volltrottel, und hier in der Werkstatt war ich der King. Aber wie!«
»Ich kann doch nicht Tischler werden wie du«, sagte sie traurig.
»Warum nicht? In der Berufsschule hatten wir eine Menge Mädchen. Na, nicht gerade eine Menge. Aber fünf, sechs waren es schon. Und sie haben sich gar nicht so dumm angestellt. Holz, das ist nämlich was Schönes. Es macht nicht schmutzig, und es stinkt nicht. Du mußt nicht in eine dreckige Grube wie die Automechaniker zum Beispiel. Und Weben, das machst du einfach nebenher als Hobby. Außerdem gibt es eine Menge Möglichkeiten zum Weiterkommen. Fachoberschule und Fachhochschule. Du kannst also sogar studieren, zum Beispiel Innenarchitektur, wenn dir später mal der Knopf aufgeht.«
»Danke«, sagte sie.
»Ich wollte dich nicht kränken. Ich meine, du hast das Gym nicht geschafft, weil du keinen Sinn gesehen hast. In dem Augenblick, wo du den Sinn erkennst, fällt dir alles um hundert Prozent leichter.«
»Hundert Prozent müssen es aber mindestens sein.«
Er sah sie an und lachte. »Mensch«, sagte er, »wenn ich mir dich so vorstelle, buntkariertes Hemd und blaue Latzhose, das müßte dir eigentlich gut stehen.«
»Apropos vorstellen, wann kommt denn dein Chef zurück?«
»Weiß ich nicht. Aber vor Arbeitsschluß gewiß.«
»Gut, dann verschwinde ich jetzt und beobachte den

Eingang zur Werkstatt aus dem Unterholz am Steilufer.«
»Aber eine Gabel voll ist noch für jeden da. Du kriegst die erste.«
»Nein, nimm du zuerst«, sagte sie und hielt seinem Blick stand, während er sich zuerst selbst nahm und dann sie mit dem Nudelsalat fütterte.
Etwas später schob sie ihr Rad hinter ein Gebüsch am Straßenrand und kletterte das Steilufer hinauf. Weiter oben fand sie einen Baumstumpf, auf dem sie gut sitzen konnte.
Tischlerin, Schreinerin, sagte sie vor sich hin, und es klang noch etwas ungewohnt in ihren Ohren. Aber es gab Möglichkeiten in die Zukunft hinein. Es war nicht gleich zu Beginn ein Endpunkt. Hauptsache, sie konnte damit leben. Und Vater mußte natürlich auch damit einverstanden sein. Das kam aber auf sie an. Wenn sie fähig war, ihm klarzumachen, daß sie konnte, was sie wollte, gab es wohl keine Schwierigkeiten.
Sie geriet dabei derartig in Zukunftsträumereien, daß sie nicht wußte, wieviel Zeit vergangen war, als unten ein Kleinlaster vorfuhr. Sie erkannte den Chef, den Werkmeister und einen Gesellen. Eine halbe Stunde ließ sie noch verstreichen, dann ging sie den steilen Hang hinunter, holte ihr Fahrrad aus dem Gebüsch und fuhr bei der Werkstatt vor. Als sie den Raum betrat, liefen zwei Maschinen, die eine kreischte, die andere wimmerte. Geräusche, an die sie sich würde gewöhnen müssen. Der Chef stand in seinem Glaskasten und telefonierte.
»Hallo!« sagte sie zum Werkmeister, der auf sie zukam, und bevor er sie fragte, was sie wünschte, sagte sie: »Ich möchte den Chef sprechen.« Dann wartete

sie und beobachtete den Chef beim Telefonieren. Er führte eine Art Tanz auf, drehte sich nach links, dann nach rechts, erkannte sie und winkte ihr zu. Ging zwei Schritte vor und dann wieder zurück. Schließlich verbeugte er sich einige Male und legte den Hörer auf. Händereibend kam er auf sie zu.
»Womit können wir heute dienen?« fragte er.
Sie entschloß sich für den direkten Weg. »Mit einer Lehrstelle für mich, Herr Porstinger.«
Er tat, als habe er nicht recht gehört.
»Eine Lehrstelle?« fragte er. »Hier in diesem Betrieb«, er wies in die Runde, »eine Lehrstelle für, für . . .«
»Sie können ruhig du zu mir sagen, Herr Porstinger.«
»Eine Lehrstelle also für dich«, sagte er. »Für ein Mädchen. Wie alt bist du?«
»Sechzehn, ich bin mit der mittleren Reife vom Gymnasium ab, und mein Zeugnis ist nicht berühmt.«
»Ach, Schulzeugnisse!« sagte er wegwerfend. »Berühmte Zeugnisse können auch täuschen . . . Ein Mädchen«, wiederholte er, »hab gehört, kommt immer öfter vor. Ja, warum auch nicht. Mädchen sind auch Menschen, oder?«
»Ich meine, es kommt auf einen Versuch an«, sagte Martina. »Sicher gibt es Probezeit, und dann können wir ja weitersehen. Wenn ich nichts tauge, feuern Sie mich.«
»Es ist nur«, Porstinger kratzte sich hinterm Ohr. »Nun ja, Ihre, das heißt, deine Mutter war schließlich Ärztin. Und Ärztinnen, meine ich, sind Akademikerinnen. Aber das hier ist richtige Arbeit. Stehen, Bücken, Heben, Stemmen, Drücken und all so was.«
»Ich will es versuchen.«

»Übrigens, noch mein herzliches Beileid, wirklich, so eine junge, tüchtige Frau ...«
»Was sie getan hat, war auch Arbeit, Herr Porstinger. Nachts mußte sie manchmal zwei-, dreimal hinaus.«
»Klar doch. Ich meine nur, ob du das auch gesellschaftlich verkraften wirst. Ich möchte nicht, daß du hier unglücklich wirst, Mädchen. Die Leute hier, alle, sind anständige Leute, das ist es nicht, aber sie reden nicht wie Doktoren oder wie die im Vatikan. Sie fluchen auch manchmal und nicht zu leise. Also einen Kraftausdruck hin und wieder, das müßtest du schon verdauen können.«
»Wenn es nur das ist.«
»Ja, dann, ich meine, das ist eben der Fortschritt, dann versuchen wir es mal. Wenn du in diesen Tagen mit deinem Vater vorbeikommst, dann reden wir mal über den Vertrag, und Ferien sollst du ja auch noch haben. Das regeln wir dann gemeinsam.«
Jetzt ertönte ein lang anhaltender, lauter Summton, der alle anderen Arbeitsgeräusche schlagartig zum Verstummen brachte.
»Also, ich komme so schnell wie möglich mit meinem Vater vorbei. Ich weiß nur nicht, wann er Zeit hat. Wir melden uns an, damit wir Sie auch treffen.«
»Ja, tu das. Übrigens, deine Mutter, ich hatte es mal im Genick, das tat vielleicht weh. Ich bin auf allen vieren ins Bett gekrochen, anders ging es nicht. Die Luft hat es mir abgeschnitten, solch ein Schmerz war das. Kurz und gut, ich geh zu deiner Mutter und schildere ihr meinen Fall, da sagt sie: ›Umdrehen!‹ Das war ein richtiges Kommando. ›Umdrehen und verschränken Sie die Hände im Genick.‹ Da greift sie durch meine Arme durch und drückt mir den Schä-

del nach vorn, ich höre es krachen, und der Schmerz ist weg. Schlagartig. Solch eine Ärztin war das. Richtig schlagartig weg.«

Jetzt stand Martina nur noch mit dem Chef in der leeren Werkstatt. Zeit, sich zu verabschieden.

Draußen wartete neben ihrem Fahrrad Fabian. Er saß schon auf seinem Moped. »Kennst du eigentlich die Stelle hier, wo sie eine Steinzeitsiedlung ausgegraben haben?«

»Steinzeit?« fragte sie. »Ich weiß nur von Römerfunden. Oberhalb der Schottergrube . . .«

»Soll ich dir die Stelle zeigen?«

Sie nickte. Merkwürdigerweise begann ihr Herz zu klopfen, obwohl sie die ehemalige Steinzeitsiedlung nicht ein bißchen erregte. Es war einfach eine Art Frühwarnsystem. Er fuhr langsam mit seinem Moped voraus, und sie folgte so schnell sie konnte. Bevor der Auwald endete, hielt er und stellte sein Moped ein paar Schritte von der schmalen Straße entfernt ab, wartete, bis sie mit ihrem Farrad herankam, und umschloß beide Räder mit einer Kette. Dann stiegen sie das Steilufer hoch, und als sie die Höhe erreicht hatten, blieb er stehen und sagte: »Hier ist es.«

Es war ein schöner Punkt, man konnte von hier hoch über den Fluß bis in die Berge hineinsehen, aus denen er kam. Sie stellte sich neben Fabian und sah in die Berge. Sie erwartete, daß er die Hand auf ihre Schulter legte, und er tat es auch. Ein heißes Prickeln ging von dieser Stelle aus und erfaßte den ganzen Körper. Sie stand wie unter elektrischem Strom.

»Ja, und die Steinzeitsiedlung?« fragte sie, als er sie zu sich herumdrehte.

»Die ist hier ringsum. Man hat viele Funde gemacht,

aber jetzt ist wieder Gras über die Ausgrabungen gewachsen.«
In der Tat, man konnte einige Vertiefungen im Boden erkennen, gerade Gräben und halbrunde.
»Toll«, sagte sie. »Vor wieviel Jahren war dies hier eine Siedlung?«
»Ich hab's mal genau gewußt, aber es war lange vor Christi Geburt.«
»Mann«, sagte sie. »So lange.«
»Muß ein bedeutender Ort gewesen sein. Ihre Gräber hat man auch entdeckt. Alte Knochen, junge Männer, Frauen, Kinder.«
Martina schauderte. Fabian spürte das. Er faßte sie sehr sanft und drehte sie zu sich herum. Jetzt kommt der erste richtige Kuß deines Lebens, sagte sie sich. Sie hatte die mittlere Reife, und da konnte er schon kommen. Aber zuerst küßte er ihre Schultern, genauer gesagt, ihre Bluse, noch genauer, den Stoff ihrer Bluse auf ihren Schultern, aber sie spürte die Berührung seiner Lippen wie auf der nackten Haut. Dann küßte er ihren Hals, die Wange und biß sie zärtlich ins Ohrläppchen. Da legte sie die Arme um ihn, drückte ihre Stirn gegen seine Wange und spürte, wie sich sein Mund an den ihren herantastete.

17

Das mit Martinas Lehrstelle hatte geklappt. Ende August, wenn alle in der Werkstatt vom Urlaub zurückgekehrt waren, würde sie mit ihrer Arbeit beginnen. In der Zwischenzeit gab es genug zu tun. Vater hatte an den Wochenenden seine Versicherungsschulungen, da mußte sie auf Haus und Roman achten und dann dem Vater zuhören, der jedesmal begeistert zurückkam. Nur einen eigenen Abschluß hatte er noch nicht zuwege gebracht. Alle Leute, die er aufsuchte, behaupteten steif und fest, schon genügend versichert zu sein.
Als er wieder einmal erfolglos und spät heimkam, war er sehr niedergeschlagen. Er schmiß seine Versicherungsmappe auf die Sitzbank und ließ sich in den Sessel plumpsen. »Jetzt habe ich Kundengespräche geübt, noch und noch«, schimpfte er. »Ich hab mich bei den Schulungen selbst anhand der Videoaufnahmen studiert, meine Haltung verbessert, meine Sprache verständlicher gemacht, einfachere Worte gewählt, kürzere Sätze. Und in der Praxis haut es überhaupt nicht hin. Ich kann noch so deutlich zeigen, daß es mir persönlich ganz egal ist, ob der- oder diejenige sich versichern lassen. Ich kann ihnen klarmachen, daß ich nur an ihren Vorteil denke, an ihren ganz persönlichen Vorteil, sie nicken und bestätigen mir, daß ich recht habe, aber sie unterschreiben keinen Antrag.«
»Das kommt schon noch«, tröstete Martina den Vater.

»Komm, entspann dich. Du darfst dich nicht persönlich derart unter Druck setzen. Früher hast du am Abend öfter mal ein Glas Wein getrunken. Soll ich dir eine Flasche aus dem Keller holen?«
»Meinetwegen«, sagte er. »Einen roten, du weißt schon, den französischen, von dem wir die meisten Flaschen haben.«
Martina ging in den Keller hinunter und knipste auch das Licht in dem Nebenraum an, in dem sich »ihre« Werkstatt befand. Sie hatte gerade einen Läufer in Arbeit, kaffeebraun, von starken, weißen Querstreifen unterbrochen und in der Mitte des weißen Streifens ein dünner roter. Die Wirkung war gut, eine gewisse Wärme ging von den Farben aus. Das Stück sollte etwa drei Meter lang werden, also hatte sie noch genug zu tun. Sie fuhr mit der Hand leicht über das Brett der Bank, das erneuert hatte werden müssen. Der Kettbaum und der Zeugbaum waren noch gut gewesen. Der Tritt, ein langes Brett für den Fuß, hatte ganz gefehlt. Fabian hatte es ersetzt.
Eigenartig, wenn sie an Fabian dachte, war er seltsam unwirklich. Sie konnte ihn nicht richtig zu einem Bild zusammensetzen. Die Bruchstücke, die sie wußte, entglitten ihr, bis fast nur der Name blieb und die Stimme. Sie wußte, daß er dunkelblonde Haare hatte, braune Augen, deren Blick sie berührte, und trotz der einen oder anderen Schwiele sehr zärtliche Hände...
Martina riß sich aus ihren Gedanken, holte die Flasche aus dem Regal, löschte die Lichter und ging wieder hinauf.
Vater war eingenickt und fuhr hoch, als sie den Korken aus der Flasche zog.

»Willst du auch einen Schluck?« fragte er. Er fragte dies zum ersten Mal.
Sie schüttelte den Kopf. »Heute nicht. Aber willst du vielleicht etwas Käse dazu?«
»Ja, das wäre schön.«
Sie holte den Käse aus der Küche und servierte ihn auf einem Brettchen. Etwas wie Gemütlichkeit stellte sich ein. Es war fast so wie früher, wenn Mama auf einem Ärztekongreß weilte oder von einem Pharmakonzern eingeladen war.
Vater hielt das Glas Rotwein gegen das Licht und lobte die schwere, dunkle Farbe, etwas später den fruchtigen Geschmack.
Roman schlief, und Sabine war in England. Im letzten Brief hatte sie geschrieben, daß sie ein Kongreßzentrum besucht hatten und daß sie dort die Möglichkeit gehabt hatten, eine in Englisch gehaltene Rede simultan zu übersetzen. Die Rede war natürlich nur vom Tonband abgespielt worden.
»Weißt du was?« fragte Vater nach dem zweiten Glas. »Du mußt mit mir einmal richtig üben, ein Kundengespräch. Wir spielen das durch. Ich komme zur Tür herein, stelle mich vor, und du bist vielleicht ein bißchen interessiert, aber im Grunde willst du nichts abschließen, und ich versuche, dich zu überreden.«
»Können wir machen.«
»Und mit Roman kommst du zurecht?« fragte er nach einer längeren Pause.
»Es geht. Wenn man ihn richtig anfaßt, geht es. Manchmal kann er recht lieb sein. Morgen gehe ich mit ihm ins Freibad. Er nimmt eine kleine Freundin mit.«
»So? Hat er schon eine?«

»Ja, aus seiner Klasse. So eine Kinderfreundschaft.«
»Und das hat er dir erzählt?«
»Halb, halb. Ein bißchen habe ich rausgekriegt und ein bißchen hat er freiwillig rausgelassen. Er ist ja glücklich, wenn er von Moni etwas erzählen kann.«
»Weißt du etwas von ihren Eltern?«
»Ihr Vater leitet das Postamt.«
»Aha.« Vater gab sich zufrieden.
Seltsam, von Mutter sprachen sie wenig. Dabei wußte Martina, daß er fast unentwegt an sie dachte. Genau wie sie selbst. Aber an sie zu denken war etwas anderes, als über sie zu sprechen. Jeder hatte noch Angst, daß ihm die Stimme umkippen könnte.
Der nächste Tag war ein richtiger Badetag. Also fuhr sie schon um neun Uhr früh mit Roman los, um Moni abzuholen. Sie ließ die beiden vor sich herradeln, bis sie beim Freibad waren. Iris hatte ihren freien Tag und wollte auch kommen, sie war jedoch noch nicht da.
Martina suchte auf der Liegewiese einen Platz im Halbschatten. Sie mochte die pralle Sonnenbestrahlung nicht, und tiefbraun zu werden war nicht ihr Ehrgeiz.
Nachdem die beiden Kleinen hoch und heilig versprochen hatten, nur ins Nichtschwimmerbecken zu gehen und nur auf der kleinen Rutsche ins Wasser zu rutschen, schlüpfte sie aus dem Kleid, unter dem sie schon den Badeanzug trug. Einen Zweiteiler, der gewiß keinen Gesprächsstoff für Schwalbach lieferte. Sie streckte sich aus und lag mit geschlossenen Augen da. Es war angenehm, so zu liegen. Der Lärm vom Kinderplanschbecken war zu ertragen, das Quietschen der größeren auf der Wasserrutsche

auch. Später würde sie auch ins Wasser gehen, vorerst aber fand sie es schön, Kontakt mit dem Erdboden zu haben und ihren Körper zu fühlen. Sie spürte jeden Quadratzentimeter ihrer Haut und sagte sich: So ist es, wenn man jung und vielleicht ein bißchen verliebt ist. Man war plötzlich mehr vorhanden. Sie stellte sich vor, daß Fabian, der erst am späteren Nachmittag kommen konnte, neben ihr lag. Daß er genau wie sie auf dem Rücken lag und daß sie sich an Armen und Beinen berührten. Kaum spürbar und trotzdem Haut an Haut.
»Hallo!« sagte da jemand und holte sie auf die Liegewiese zurück. Es war Iris. Martina hielt die Hand über die Augen und sagte: »Ach, du bist es.«
»Schade«, sagte Iris. »So ein schöner Tag.«
»Was paßt dir denn nicht an diesem Tag?«
»Daß ich Anna nicht mitnehmen konnte. Zu Fuß mit dem Kinderwagen ist es zu weit, auf dem Fahrrad geht es noch nicht, und vor dem Vater im Staub kriechen, damit er uns mit dem Auto herfährt und wieder abholt, das wollte ich auch nicht. Hast du ein Kästchen?«
»Nein, ich habe alles hier.«
»Dann geh ich schnell in die Kabine, um mich umzuziehen. Bin gleich wieder da.«
Iris kam in einem einteiligen Badeanzug zurück, breitete eine Decke aus und legte sich neben Martina.
»Hast du mich zurückkommen sehen?« fragte sie Martina.
»Ja, warum?«
»Sieht man was?«
»Was sollte man denn sehen?«
»Daß ich schon ein Kind habe.«

»Ach, du bist verrückt. Kein Mensch würde denken, daß du schon eine Entbindung hinter dir hast.«
»Echt?«
»Warum soll ich lügen?«
»Sehe ich wie eine Frau aus?«
»Mensch, du siehst aus wie alle Mädchen in deinem Alter. Wäre ich Kinobesitzer, würde ich dich in einen Film mit Jugendverbot nicht reinlassen.«
»Aber an der Brust würde man es merken.«
»Das bildest du dir ein. Wir hatten in der Schule eine, die hatte garantiert noch kein Kind, war aber schon ziemlich schlaff da oben. Vielleicht war sie auch ein bißchen zu dick.«
Roman, der mit seiner Freundin zurückkam, unterbrach ihr Gespräch. Er war fast blau im Gesicht und klapperte mit den Zähnen.
»Warum bist du nicht früher gekommen, wenn dir kalt ist?« schalt ihn Martina.
»Du hast mich ja nicht geholt.«
»Ich denke, du bist alt genug, um zu merken, wann du genug hast. Du ziehst sofort die nasse Badehose aus und reibst dich trocken.«
»Aber ihr müßt alle wegsehen«, forderte Roman. Iris und Martina drehten sofort die Köpfe weg.
»Du auch, Moni.«
»Ach«, sagte Moni. »Tu nicht so blöd. Ich habe einen Bruder. Ich weiß, wie das aussieht.«
Roman verschwand hinter dem Baumstamm und kam mit dem umgegurteten Badetuch zurück. »Wo ist die trockene Badehose?«
»In der Badetasche.«
Inzwischen hatte sich Moni flink und selbständig ausgezogen, trockengeribbelt und wieder angezogen.

Roman suchte lange in der Badetasche, bis er seine zweite Badehose fand. Dann setzte er sich mit dem Badetuch hin und versuchte, die Hose unter dem Badetuch anzuziehen.
»Mein Gott, was machst du ein Theater!« sagte Moni.
»Wenn die Hose auch so eng ist!«
»Gebhard macht das nie so.«
»Aber ich mache es eben so.«
»Wer ist Gebhard?« fragte Martina.
»Mein Bruder«, antwortete Moni.
»Und wie alt ist der?«
»Fünf«, sagte sie und seufzte.
»Und er piesackt sie immer«, erläuterte Roman. »Verdammt, ich komm nicht in die Hose.«
Moni hob das Badetuch ein wenig hoch und legte den Kopf fast auf den Boden, um besser darunter sehen zu können. Dann lachte sie. »Du bist ja auch mit beiden Füßen in einem Beinausschnitt«, rief sie fröhlich, sprang auf und hüpfte.
Roman zog die Badehose wieder aus, stand auf, schlang das Badetuch enger um die Hüften und brummte: »Ich geh jetzt in die Kabine.«
Auf dem Weg dorthin verlor er zweimal das Badetuch, aber das störte ihn nicht weiter.
»Schade«, sagte Iris. »Ich hätte auch gern einen Bruder gehabt.«
»Hast du vielleicht eine Schwester?« fragte Moni.
»Nein, auch keine Schwester.«
»Schade«, sagte Moni. »Irgend etwas sollte man schon haben. Wir kriegen vielleicht noch ein Kind.«
»Und wieso weißt du das?«
»Papa hat gesagt, für ein drittes würde es noch reichen.«

»Und was hat die Mama dazu gesagt?« fragte Martina.
»Dann müßten wir uns beeilen, wir werden nämlich nicht jünger.«
Jetzt sah Moni Roman zurückkommen und lief ihm entgegen. Bei einem Tischtennistisch blieben sie stehen, um den zwei Spielern zuzusehen.
»Lustig, die Kleine, wie sie erzählt«, sagte Iris. »Hätte nichts dagegen, wenn meine Anna so wird. Das frage ich mich oft, wie sie werden wird, wenn sie erst einmal so alt ist wie ich. Einen richtigen Beruf sollte sie schon lernen. Das weiß ich jetzt am besten.«
Martina ließ sie reden. Von der Mutter wußte sie, daß dies für Iris wichtig war. »Jeder braucht mal einen Zuhörer«, hatte Mutter immer wieder gesagt.
Erst als Iris sich hingelegt hatte und schwieg, stand sie auf und schwamm ein paar Längen, bis sie richtig müde war. Als sie zu Iris zurückkehrte, war die eingeschlafen. Die beiden Kinder meldeten ihr das verwundert.
»Sie wird müde sein«, sagte Martina.
»Warum?«
»Sie arbeitet. Sie hat heute ihren freien Tag. Sie ist sonst jeden Tag viele Stunden auf den Beinen.«
Dann döste auch Martina ein wenig auf ihrer Decke dahin, hörte ihren Magen knurren und schlief wohl auch ein bißchen. Es war ein richtiger Faulenzertag. Nicht zu heiß, nicht zu windig, aber doch mit Bewegung in der Luft. Die Silberpappelblätter über ihr deuteten es an. Es war ein Spiel zwischen Grün und Weiß, ohne jedes Gleichmaß, immer überraschend.
Viel später sagte jemand plötzlich: »Hallo!«
Es war Fabian. Er kauerte vor ihr in der Badehose mit einem Badetuch in der Hand.

Er war gut durchwachsen. Schlank, muskulös, aber kein Muskelpaket. Die Unterschenkel und Unterarme waren ein wenig behaart, aber nicht zu sehr. Auf der Brust hatte er nur sehr wenig Haare, fast blond, von der Sonne gebleicht. »Ich dachte, du kommst erst später«, sagte sie.
»Ich habe mich aus dem Staub gemacht. Weißt du, ein Treppengeländer war wacklig. Jetzt ist es wieder stabil, und ich bin gleich von dort hierher. Hab's nicht mehr ausgehalten.«
»Ich auch nicht.« Sie streckte ihre Beine ein wenig, bis sie mit den Zehen seine Knie erreichte. »Kontakt geschlossen«, sagte sie und versuchte sich sein Bild einzuprägen.
Er streichelte den Spann ihrer Füße. »Schwimmen wir ein paar Längen?«
»Ich will eigentlich nicht mehr.«
»Dann muß ich auch nicht.«
Iris kam zurück. Naß, zitternd, mit Gänsehaut. »Das ist Fabian«, sagte Martina. »Und das ist Iris.«
»Habe ich dich nicht schon irgendwo gesehen?« fragte Fabian.
»Weiß ich nicht.«
»Irgendwo habe ich dich schon gesehen.« Fabian schien nachzudenken.
Als die Kinder wieder einmal kamen, um von den Taten der Tischtennisspieler zu berichten, fragte Fabian: »Wer von euch möchte ein Eis?«
Die zwei Kleinen meldeten sich als erste. Sie gingen dann auch mit ihm zum Kiosk, um ihm bei der Auswahl zu helfen.
»Sieht nett aus«, sagte Iris und sah Fabian nach. »Woher kennst du ihn?«

»Er hat einmal bei uns eine Stellage eingebaut, und dann hat er mir meinen Webstuhl hergerichtet und dann...«
»Ist wirklich nett. Auch zu den Kindern. Also, das habe ich mir vorgenommen, darauf achte ich in Zukunft besonders. Er muß nett zu Kindern sein. Das heißt, falls sich überhaupt einer findet.«
»Da würde ich mir überhaupt nicht den Kopf zerbrechen. Sicher findest du jemand. Ich meine, wenn du magst.«
»Übrigens, gehst du schon lange mit ihm?«
Konnte man das so sagen? Nein, sie waren befreundet, und es hatte außer diesem einen Kuß bei den Steinzeitausgrabungen nichts gegeben. »Kann man nicht sagen«, antwortete sie schnell, weil Fabian nur noch ein paar Schritte entfernt war.
Am Abend fuhr Fabian mit ihr und den Kindern nach Hause. Er war mit dabei, als sie Moni daheim ablieferten, und er fuhr weiter hinter ihr her bis zum Haus und wartete, bis Roman im Haus verschwunden war.
»Hast du was?« fragte er, als sie allein waren.
»Nein, was soll ich denn haben?«
»Schämst du dich meinetwegen?«
»Unsinn, warum soll ich mich denn schämen? Wie kommst du denn darauf?«
»Du bist immer weggerückt, wenn ich ein bißchen näher an dich rankommen wollte.«
»Ach, das meinst du? Das war nicht deinetwegen.«
»Die Kinder waren meist beim Tischtennistisch.«
»Es war auch nicht wegen der Kinder, ich wollte nicht wegen Iris.«
»Aber warum? Die ist doch kein Kind mehr.«
»Sie ist allein. Ich wollte nicht, daß... Versteh doch,

sie hat ein Baby, und der Vater von dem Baby, nun, er hat sich verkrümelt. Ich wollte ihr nicht das Herz schwer machen.«

»Ach so«, sagte er langsam. »Und gibt es keine Möglichkeit, ich meine, wir beide . . . allein?«

»Vielleicht am Samstag. Papa ist dann auf so einer Art Tagung, von der Versicherung.«

»Den ganzen Tag?«

»Ja, den ganzen Tag.«

»Und wann kommt er dann wieder?«

Martina bemerkte das Funkeln in Fabians Augen. Deshalb sagte sie nicht, daß Vater erst am Sonntag käme. Das konnte sie ja dann am Samstag noch immer tun. »Spät«, meinte sie. »Ich weiß das nicht so genau.«

Er lächelte, und aus seinem Gesicht war abzulesen, was er von diesem Samstag wünschte und erhoffte. Außerdem merkte sie, daß der Nachbar von Gegenüber, Herr Schneider, sich an seinem Eisentor zu schaffen machte. Ausgerechnet jetzt mußte er die Torangeln ölen.

»Du mußt gehen«, sagte sie. »Und bitte, keinen Kuß. Hinter dir sieht uns einer zu.«

»Also am Samstag«, sagte Fabian. »Wann?«

»Gegen mittag?« fragte sie.

Er nickte, schwang sich auf sein Moped und fuhr davon.

18

Als Vater diesmal nach Hause kam, strahlte er. »Du kannst mir gratulieren!« rief er und legte seine Versicherungsmappe sorgfältig auf den Tisch bei der Sitzgruppe. »Endlich ist mir der Knopf aufgegangen. Ich habe abgeschlossen, und zwar gleich zweimal.«
»Ich gratuliere!« rief Martina erfreut.
»Stell dir vor, eine Aussteuerversicherung für das Mädchen und eine Studienversicherung für den Jungen.«
»Und wenn das Mädchen nicht heiratet und der Junge nicht studiert?«
»Macht nichts, wird ausgezahlt, wenn jeder von ihnen zwanzig ist. Wollen wir miteinander Tee trinken?«
»Gern«, sagte sie, obwohl sie im Moment nicht die geringste Lust auf Tee hatte, aber sie spürte, daß der Tee im Augenblick wichtig war. »Wie immer?« fragte sie.
»Ja, wie immer. Einen kräftigen, guten Tee.«
Sie stellte das Wasser auf den Herd, holte die Teekanne und zwei Tassen aus dem Küchenschrank und stellte sie auf ein Tablett. Etwas später spülte sie die Kanne heiß aus, löffelte den Tee in die Kanne und goß auf. In dem Augenblick, da der Duft durch die Küche zog, freute sie sich auch auf eine oder zwei Tassen. Dann stöberte sie bei den Lebensmitteln herum, bis sie das Glas mit braunem Kandiszucker fand. Als sie den Tee ins Wohnzimmer brachte, hatte Vater

schon die Krawatte abgenommen und die Hausschuhe angezogen. »Fein«, rief er, »da kommt er ja.«
Einen Augenblick verhielt Martina den Schritt, denn so fröhlich hatte sie Vater seit Mutters Tod noch nicht gesehen.
»Wie Kevenich immer gesagt hat«, rief Vater. »Es gibt Wochen, in denen man jagt, und Wochen, in denen man Beute macht!« Er sah ihr zu, wie sie den Tee einschenkte, ganz ein erfolgreicher Jäger.
»Und wie ist es dir gelungen?« fragte sie. »So, wie wir es geübt haben?«
»Nein, gar nicht. Ich war beim Steinmetz, weißt du, wegen eines Grabsteins. Keine Angst, ich habe ihn noch nicht in Auftrag gegeben. Ich werde euch alle fragen, wenn es soweit ist. Und da war noch eine andere Frau, eine Kundin, die hat so ein bißchen mitgehört. Herr Constantini, der Steinmetz, fragte mich, was ich jetzt nach Mamas Tod so mache. Da sagte ich, daß ich mich als Versicherungsmann einarbeite. Als ich gehen wollte, hat sie mich angesprochen. Wir haben einen Termin ausgemacht. Da bin ich hin, nun ja . . . Sie hat beide Anträge unterschrieben.«
Vater streckte die Beine aus. »Und ich habe schon gedacht, an mir ist irgend etwas, das die Leute abstößt.«
»Wenn ich gewußt hätte, daß du das denkst, hätte ich es dir sofort ausgeredet.«
»Ich wollte fast schon aufgeben«, gestand Vater. »Aber nun ist ein Anfang gemacht. Nur – Sabine wird wohl wieder hier in die Schule müssen. Wie sag ich ihr das bloß?«
»Ganz vernünftig mußt du es ihr sagen. Es geht nicht.

Aus. Du hast keine gesicherten Einnahmen ... Wovon leben wir eigentlich jetzt?«
»Es waren noch einige Eingänge auf dem Konto, und zum Glück waren auch noch Rücklagen da. Ein Jahr, vielleicht sogar mehr, halten wir durch. Aber das Internat in Neuchâtel ist nicht drin.«
Martina versuchte sich die Situation vorzustellen. Sie selbst würde fünf Wochentage in der Werkstatt sein. Vater begann am Nachmittag mit den Hausbesuchen und kam meist spät heim. Also war Sabine nachmittags mit Roman allein. Und das würde eher schiefgehen, wenn sich nicht beide gehörig änderten.
Auch Vater hatte nachgedacht. »Hör mal«, sagte er. »Mir fiel da eben etwas ein. Du hast dich doch mit Sabine ganz gut verstanden, bevor sie nach England ging. Wäre es daher nicht zielführender, wenn du ihr an meiner Stelle klarmachen würdest, daß ... Nun ja ... daß sie das letzte Schuljahr hier zu Ende ... hm?«
Es war Martina schon vor einiger Zeit aufgefallen: Vater entwickelte sich zurück. Er ging äußerst ungern einkaufen, nicht einmal die neueste Nachricht von Herrn Lewandowski konnte ihn in den Supermarkt locken. War mit Roman ein Hühnchen zu rupfen, dann sollte sie das am besten tun, da sie Roman »an Jahren so viel näherstand«. Und jetzt meinte er sicher, daß sie Sabine die wirtschaftliche Situation besser erläutern konnte, weil sie ihr an Jahren viel näherstand.
Nun gut, vielleicht erwischte sie Sabine in einer guten Stunde, und vielleicht gelang es ihr im gleichen Anlauf, Sabine klarzumachen, daß für Staralüren eines einzelnen in einer Familie wie der ihren kein Platz mehr war.

Schon jetzt hatte sie genug zu tun, denn Vater dachte nicht nur nicht ans Einkaufen. Er ließ auch ganz gern das Kochen sausen, um sich dann verwundert zu zeigen, daß nichts oder so gut wie nichts auf den Tisch kam.
Hätte er mit seiner Versicherungsarbeit mehr Erfolg gehabt, wäre diese Umwandlung mit Sicherheit beschleunigt worden. So war er aber immer wieder ob seiner Erfolglosigkeit bedrückt.
Heute aber fühlte er sich durch die zwei Abschlüsse mit relativ hohen Summen sehr bestärkt. Er tat das auch kund, indem er vom »Silberstreifen am Horizont« sprach oder vom »Licht am Ende des Tunnels«. Er war überzeugt, daß nun der Bann gebrochen sei, und tat, als würde er ab jetzt jeden Tag das gleiche verdienen wie heute.
Martina widersprach nicht. Sie erinnerte sich, daß ihre Mutter das auch nicht getan hatte, als Vater vor Jahren noch geglaubt hatte, Filialleiter seiner Bank zu werden, wer weiß, vielleicht sogar noch mehr. Sie hörte nur noch halb hin und dachte an das kommende Wochenende. Vater würde sehr zeitig wegfahren, dann blieb ihr Zeit zum Saubermachen, Einkaufen und zur Zubereitung eines Mittagessens, vielleicht ein Nudelauflauf mit Salat. War das Wetter schön, konnte man draußen auf der Terrasse essen, natürlich mit Roman, aber der würde bald wieder verschwinden. Am Nachmittag konnte man im Garten faulenzen oder eine kleine Radtour machen. Sabines Rad stand ja in der Garage. Blieb der Gedanke an den Abend, der ihr Herzklopfen bereitete. Hoffentlich war Roman dann müde, so daß er bald ins Bett ging... Weiter hätte sie am liebsten nicht gedacht, nur das ging nicht so ein-

fach. Die Gedanken spannen sich von selber fort, überfielen sie hinterrücks, wenn sie sich auferlegt hatte, an ganz andere Dinge zu denken. An die Arbeit in der Werkstatt der Tischlerei Porstinger zum Beispiel. Mußte sie noch richtig hobeln lernen, wo es für alles Maschinen gab, oder mit der Tischlersäge sägen, und das noch millimetergenau? – Wahrscheinlich würden sie auf der Polsterbank sitzen und schmusen... Sie riß sich zusammen und suchte nach weiteren Möglichkeiten, an die sie denken konnte. Iris kam ihr in den Sinn. Das mußte ihr eine Warnung sein. Bedienung in einem Café auf dem Lande, ein Saisonjob, drei, vier Monate höchstens. Was dann? Klar, daß Iris eine andere Beschäftigung suchte. Und welche? Iris spielte mit dem Gedanken, Kassiererin im Supermarkt zu werden. War das so erstrebenswert? – Und wenn es dann elf oder gar schon halb zwölf am Abend war, würde da Fabian noch gehen wollen? Und wie war es mit ihr, würde sie wollen, daß er ging?
Nicht nur an diesem Abend dachte Martina an das Wochenende, sondern auch immer wieder in den Tagen danach.
Und dann klingelte am Freitagabend das Telefon. Martina hob ab und hörte die Stimme von Herrn Kevenich.
»Ihr Vater ist nicht daheim?« fragte er.
»Nein, er ist unterwegs.«
»Wunderbar. Bitte, hören Sie gut zu. Es ist wichtig. Ihr Vater soll morgen früh nicht zum vorgesehenen Meeting fahren. Es muß leider verschoben werden, da zwei namhafte Referenten erkrankt sind. Den neuen Termin erfährt er rechtzeitig.« Kevenich machte eine Pause. »Hallo? Sind Sie noch dran?

»Ja, natürlich. Ich dachte, Sie wollten noch . . .«
»Und Sie haben alles mitgekriegt?«
»Selbstverständlich. Dieses Wochenende kein Meeting, daher Anreise nicht nötig. Neuer Termin wird bekanntgegeben.«
»Korrekt. Wenn Sie nur noch erwähnen, daß zwei Referenten erkrankt sind.«
»Mache ich«, sagte Martina. »Auf Wiederhören.«
Sie legte den Hörer auf und lehnte sich an die Wand. Sie spürte, wie sie schrumpfte. Ein Glück, daß Fabian, der bei seiner geschiedenen Mutter lebte, telefonisch nicht erreichbar war. Es wäre ihr schwergefallen, nicht zu heulen, und er hätte vielleicht geglaubt, es sei nur ein Vorwand von ihr, eine Absage, im letzten Augenblick erfunden, weil sie Angst vor der eigenen Courage bekommen hatte.
»Warum stehst du so komisch da und schaust so?« fragte Roman, dessen Kommen sie nicht bemerkt hatte.
»So?« fragte sie, »schau ich komisch?«
Roman nickte ernst.
»Ach, das war nur, weil ich an was Dummes gedacht habe!«
Roman gab sich damit zufrieden, er trollte sich davon und schaltete im Wohnzimmer das Fernsehen an. Da Martina nicht ewig in der Diele stehen bleiben konnte, folgte sie ihrem Bruder. Vielleicht hatte sie Glück und wurde vom Programm abgelenkt. Nach kurzer Zeit wußte sie, daß das Fernsehen dies nicht schaffen konnte. Sie ging auf die Terrasse hinaus und setzte sich in einen Korbsessel. Sie versuchte sich zu trösten. So etwas geschieht immer wieder, sagte sie sich. Sofort lehnte sie sich aber dagegen auf:

Was nützt es mir, daß so etwas immer wieder geschieht?
Erst als sie auf der Bank am Webstuhl saß, wurde sie ruhiger. Ein paarmal ließ sie das Schiffchen hin- und hersausen. Der morgige Samstag sah plötzlich nicht mehr so trüb aus. Sie konnte Fabian schon vor dem Haus abfangen und dann mit ihm irgendwohin fahren, an den Waldsee oder zur Ruine Scharnstein ...
Schlafen konnte sie später nicht. Zuerst hatte es Ärger mit Roman gegeben, der um jede Minute länger aufbleiben gebettelt hatte. Bis sie schließlich wie eine Irre gekreischt hatte. Ein kurzer, verwunderter Blick von ihm, und er war verschwunden.
Als sie dann im Bett lag, ließ sie das Klopfen ihres Herzens nicht einschlafen. Sie hörte es zu laut in ihren Ohren, sie konnte sich legen, wie sie wollte, sie hörte es. Mutter hatte einmal von einer Patientin erzählt, die eine Herzklappe aus Platin eingesetzt bekommen hatte. Die konnte auch lange Zeit nicht einschlafen, weil die Platinklappe zu laut schepperte, wie sie sagte.
So hörte sie knapp vor Mitternacht Vater heimkommen. Sicherlich las er sofort die Nachricht auf dem Telefontischchen, daß er morgen nicht aufstehen mußte. Dann waren aus dem Fernseher Schüsse zu hören. Vater brauchte einen Western zum Einschlafen. Irgendwann mußte sie dann auch eingeschlafen sein, denn Roman weckte sie am Morgen, weil er Frühstück haben wollte.
»Du wirst dein Frühstück selber machen können«, schimpfte sie noch unausgeschlafen. »Du könntest auch einmal zum Bäcker laufen und das Frühstücksgebäck holen.«

Roman ergriff ohne Widerspruch die Flucht. Eine halbe Stunde später war sie selbst beim Bäcker. Sie war froh, nicht anstehen zu müssen, denn sie gehörte zu den Kunden, die jeden Samstagmorgen das gleiche holten. Und für die standen abgefüllte Papiertüten bereit.
Daheim wartete ein mißmutiger Vater auf sein Frühstück. Es war ihm nicht eingefallen, inzwischen die Kaffeemaschine in Gang zu setzen. Auch ein Spiegelei mit Speck wollte er gebraten haben.
»Trägst du einstweilen das Geschirr hinaus?« fragte Martina.
»Wo ist es denn?« war die Antwort.
»Du stellst komische Fragen«, sagte sie schnippisch.
»Das steht genau dort, wo du es seit Jahr und Tag hinstellst.« Sie machte die Erfahrung, daß sich Vater von ihr herumschubsen ließ. Wenn sie ihm etwas auftrug, machte er es. Nicht mit großer Begeisterung, aber immerhin ohne Widerspruch.
Als er das Spiegelei gegessen hatte, seufzte Vater.
»Ist etwas?« fragte sie.
»Ach, Kind, wenn du wüßtest.«
»Und was wäre dann?«
»Ich bin entsetzlich unzufrieden mit mir. Gestern wieder Fehlanzeige. Dabei ist es nicht so, daß ich den Leuten unsympathisch bin, sie laden mich ein, wiederzukommen. Es scheint so, daß sie sich freuen, daß da einer bei ihnen am Tisch sitzt. Ich erzähle immer, wie vorteilhaft es ist, versichert zu sein. Bringe praktische Beispiele. Aber nein, sie wollen nicht. Wenn ich gehe, kommen sie alle mit vors Haus, laden mich ein, wiederzukommen und winken hinter mir her. Mache ich etwas falsch?«

»Wenn sie dich mögen, sicher nicht.«
Vater schwieg eine Weile, schließlich sagte er: »Ich fürchte, es wird nichts. Ich versuche es noch weiter, aber ich sehe mich nach etwas anderem um. Ich habe mir gestern abend selbst eine Frist gesetzt.«
»Aber was gibt es sonst für dich?«
»Irgendeine andere Bank, ich weiß nicht. Arzt müßte ich sein, sie haben noch immer keinen Nachfolger für Mama.«
»Dann geh wohl besser ich einkaufen«, schlug Martina vor. »Und du siehst genau die Stellenangebote in der Zeitung durch.«

19

Vor dem Supermarkt kam ihr Fabian auf seinem Moped entgegen. Sie mußte wie verrückt klingeln, ehe er sie bemerkte. Sofort klopfte ihr Herz, und der Hals wurde ihr eng. »Wolltest du schon zu mir?« fragte sie ihn mit belegter Stimme.
»Wohin sonst?«
»Aber das wäre viel zu früh. Es ist knapp nach zehn. Und außerdem . . .« Sie zögerte. »Fährst du mit zum Supermarkt?«
Er sah sie verständnislos an. »Ist etwas?« fragt er.
»Drum will ich ja, daß du mitkommst. Ich muß dir was sagen.«
Es war ihm anzumerken, daß er ohne jede Begeisterung vorausfuhr. Als sie ihre Räder abgestellt hatten, hakte sie sich ein und führte ihn vom Eingang weg zur an den Supermarkt angrenzenden Wiese.
»Was gibt es denn?« fragte er ungeduldig.
»Es geht nicht, daß du kommst . . . Ich bin nicht allein.«
»Dein Bruder?«
»Nein, nein, mein Vater ist nicht weggefahren. Das Treffen ist im letzten Moment abgesagt worden. Er ist daheim, und ich bin selber traurig.« Sie wollte sich an ihn schmiegen, er hielt sie jedoch auf Distanz.
»Ich hab's gewußt, verdammt, ich hab's gewußt, daß es nichts wird«, fluchte er und sah über sie und die Wiese hinweg zu den nahen Bergen.

»Komm«, sagte sie, »du siehst ja, ich bin auch traurig. Wir könnten am Nachmittag irgendwohin. Zum Waldsee oder zur Ruine Scharnstein...«
»Und keinen Augenblick allein, überall Menschen. Genauso hab ich es mir vorgestellt.«
»Ich freue mich auch nicht, Fabian. Ich war völlig fertig, als der Mensch angerufen hat.« Mehr konnte sie ihm wirklich nicht sagen. Wenn Fabian nur ein bißchen Gefühl hatte, mußte er jetzt wissen, wie weit sie hätte gehen wollen und wie sehr sie ihn mochte.
»Na ja«, sagte er und wich ihrem Blick aus. »Wenn nichts ist, dann ist eben nichts. Ich fahre wohl am besten wieder heim.«
Sie fühlte, wie ihre Zuneigung abstarb. Wenn er sich aufführte wie ein kleines Kind, das nicht das bekam, was es wollte, dann war es wohl besser, sie vergaß ihn. »Fabian«, sagte sie und spürte, daß sie ihn nicht überzeugte, auch nicht mehr überzeugen wollte. »Vielleicht ist es sogar gut so. Wir könnten uns besser kennenlernen und später...« Sprich nicht weiter, sagte sie sich, als er ihre Hand von seinem Arm stieß, du lernst ihn ja gerade kennen.
Gut, so erledigte sie ihre Einkäufe und fühlte sich dabei so benommen, als hätte ihr jemand ein dickes Brett auf den Kopf geknallt. Als sie daheim vom Rad stieg, wußte sie nicht so recht, wie sie vor das Garagentor gelangt war.
Besser fühlte sie sich erst an dem wunderschönen, sonnigen Nachmittag, als sie im Keller unten an ihrem Webstuhl saß.
So wie der Läufer Stück für Stück wuchs, dann in seiner erreichten Länge verharrte, bis man wieder an ihm arbeitete, so, fand Martina, war das Leben auch.

Es gab öde, langweilige Strecken, da geschah so gut wie nichts, die Umgebung war wie festgenagelt, nichts bewegte sich. Und dann trommelte es geradezu auf einen ein. Woran würde sie sich in vierzig Jahren erinnern, wenn der Name Fabian fiel? – An die Steinzeit. Und an den Blick von den grasüberwachsenen Ausgrabungen über dem Fluß in die Berge hinein? Ja, auch an den ersten Kuß, aber würde er dann noch die Bedeutung von heute haben? Das viele Herzklopfen um das verkorkste Wochenende, war dann noch ein Nachbeben zu spüren? – Ihre Mutter hatte einmal von einer Jugendliebe erzählt, einem strahlenden Jungen, der beste Sprinter und Hochspringer der Schule. Ein bißchen wortkarg zwar, aber wunderschön zum Anschauen. Und dann hatte sie ihn fünfundzwanzig Jahre später durch Zufall wieder getroffen. In der Stadt. Sie war am Bahnhof in den Bus gestiegen, um zum Institut für Tropenmedizin zu fahren. Da stieg er bei irgendeiner Haltestelle ein, um die Fahrkarten zu kontrollieren. »Nun ist das ja kein unakzeptabler Beruf«, hatte Mutter gesagt. »Aber man konnte ihm ansehen, daß dies nicht der von ihm erstrebte Beruf war.« Und dies hatte sein Gesicht zerknittert und alltäglich gemacht, hatte ihn geknickt und ihm einen Kummerbauch beschert. Sie tat ihm den letzten Liebesdienst, indem sie vorgab, ihn nicht wiederzuerkennen. Er zuckte leicht zusammen, als er sie erkannte und wandte sich schnell dem nächsten Fahrgast zu. Vielleicht traf sie Fabian auch irgendwann einmal, und er war dann froh, wenn sie so tat, als erkenne sie ihn nicht . . .
Dann gab es wieder Tage, in denen sich etwas rührte. Vater hatte die Sache mit der Versicherung aufgege-

ben. »Ich fahre wie ein Irrer herum«, fluchte er, »begebe mich auf das Niveau meines Gegenübers, und wenn es noch so niedrig ist, mit dem einzigen Erfolg, daß außer Spesen nichts gewesen ist.« Er ließ sich in den Sessel plumpsen und trank einige Gläser Cognac, bis die vordem halbvolle Flasche leer war.
»Keine Angst«, beruhigte er Martina. »Ich werde nicht zum Trinker, aber das hier mußte einmal sein.«
Am nächsten Tag schrieb er wie verrückt Bewerbungsschreiben auf Stellenangebote in der Zeitung.
Ebenso hätte er Post auf den Mond schicken können. Nichts, auch nicht das leiseste Echo kam zurück. Wenn sie Vater zum Briefkasten am Gartentor gehen sah, hielt sie vor Furcht den Atem an, daß er wieder mit leeren Händen auf das Haus zukommen würde. Sie hatte sich nie umsonst gefürchtet.
Das Klingeln des Telefons war selten geworden. Und wenn es klingelte, waren es meist alte Leute, die einen Besuch der Frau Doktor wünschten. Es war dann schwer, ihnen klarzumachen, daß Mutter keine Hausbesuche mehr machte.
Eines Tages war Sabine dran. Sie rief vom Frankfurter Hauptbahnhof aus an und gab ihre Ankunftszeit bekannt.
Vater saß, wie so oft, auf der Straßenseite des Hauses, um auf den Briefträger zu warten.
»Sabine kommt heute abend!« rief Martina. »Sie hat eben aus Frankfurt angerufen.«
»So, so«, sagte Vater. »Aus Frankfurt sogar.« Er wandte den Blick nicht von der Straße, wo der Briefträger jeden Augenblick auftauchen mußte.
Martina schien die Pause zu lang, ehe Vater sagte: »Ja, da werden wir sie wohl zu dritt abholen.«

Um 19 Uhr 58 sollte der Eilzug ankommen. Kurz vor halb acht standen sie unter dem Vordach des heruntergekommenen Bahnhofsgebäudes. Es regnete. Von den nahen Wiesen und Weiden kam hin und wieder das Muhen einer Kuh. Es war fast dunkel, der Herbst meldete sich an.
»Wir sind viel zu früh dran«, quengelte Roman, der lieber mit Moni gespielt hätte.
»Warten will gelernt sein«, sagte Vater in einem übertrieben belehrenden Ton. »Das ist nämlich eine Tätigkeit, die du noch oft in deinem Leben wirst ausüben müssen.«
Eine Gruppe diskutierender Männer trat aus dem Bahnhofsgebäude und stellte sich auch unter dem Vordach auf. Einige grüßten zu Vater hin, dann palaverten sie erregt weiter. Schließlich kam ein Mann auf sie zu und entschuldigte sich für die Störung.
»Haben Sie schon gehört, Herr Wengen?« fragte er.
»Ich weiß nicht, was Sie meinen, Herr Baumgart«, sagte Vater unsicher. »Ist etwas geschehen?«
»Der Leiter der Genossenschaftskasse, drüben in Hermsdorf . . .«
»Der Herr Berghofer?«
»Ja, der. Er hat sich, wie sag ich das jetzt, umgebracht hat er sich.«
»Nein!« rief Vater. »War er krank?«
»Nein. Unterschlagen. Er hat mit Kundengeldern spekuliert, sagt man. Über zweihunderttausend Schaden.«
»Nein«, sagte Vater wieder.
»Doch«, bekräftigte der Mann seine Behauptung. »Morgen soll jemand von der Zentrale . . .«
»Wie kann das einer nur tun«, sagte Vater, ehr-

lich entrüstet. »Das Geld anderer Leute ist unantastbar.«

»Das sagen *Sie,* und andere sagen, beim Geld hört die Anständigkeit auf.«

Jetzt wurde das Licht eingeschaltet und die Einfahrt des Zuges angekündigt. Mehr als ein Dutzend Leute stiegen aus, als letzte im letzten Waggon Sabine. Roman rannte als erster los, dann setzte sich Martina in Bewegung, zum Schluß der Vater.

»Kommt, kommt«, rief er, als er bei Sabine auf dem Bahnsteig stand. »Begrüßt euch unter dem Dach. Ihr werdet alle naß.«

»Was«, rief Sabine, »jetzt ist es schon dunkel hier? Auf der Insel ist es um diese Zeit noch viel heller.«

»Das macht die Königin«, scherzte Vater. Und als Roman »Wirklich?« fragte, lachten sie.

Das Abendessen nahmen sie in der Küche ein, weil es unter dem roten Lampenschirm über dem runden Tisch gemütlicher war. Martina machte im alten Küchenherd ein kleines Feuer an.

Roman gaffte seine große Schwester an, die sich als junge Dame gab, dann fragte er: »Kannst du jetzt viel besser Englisch als vorher?«

»Klar. Einige Leute drüben hielten mich sogar für eine Engländerin.«

»Sag was auf englisch«, bettelte Roman.

»How much wood could a woodchuck chuck, if a woodchuck could chuck wood? So much wood as a woodchuck could if a woodchuck could chuck wood.«

»Nicht so schnell!« rief Roman. »Ich versteh ja nichts.«

»Das ist wohl auch der Zweck der Übung«, meinte der

Vater gut gelaunt. Aber dann wurde er plötzlich ernst. »Was sagt ihr zu Berghofer? Nimmt zuerst den anderen das Geld und dann sich das Leben.«
»Wer ist Berghofer?« fragte Sabine.
»Ein Mann von der Genossenschaftskasse in Hermsdorf«, antwortete Martina. »Du kennst ihn sicher nicht.«
»Nein. Aber da fällt mir ein, ich hab ja was mitgebracht.« Sabine lief in die Diele hinaus, um die Geschenke aus dem Koffer zu holen. Für Vater war es ein Wollschal mit Schottenkaro, ». . . in Anbetracht des kommenden Winters«, sagte sie. Roman erhielt ein Sweatshirt mit der Aufschrift »University of Oxford« und Martina einen silbernen Ring, eine Schlange, die sich in den Schwanz biß, mit smaragdgrünen Augen. »Hab ich bei einem Inder gekauft«, erklärte Sabine. »Er sagte, es sei ein Ewigkeitssymbol und gut gegen den bösen Blick.«
Martina empfand etwas wie Rührung und bedankte sich aufrichtig. Außerdem paßte der Ring. Sie ließ ihn deshalb gleich am linken Ringfinger stecken.
Inzwischen war auch der Nudelauflauf fertig, dazu gab es grünen Salat mit Tomaten garniert.
Vater holte zur Feier des Tages eine passende Flasche Wein aus dem Keller, und so merkte keiner, daß eigentlich ein Sparessen auf den Tisch gekommen war. Die roten Paprikawürfelchen und die Schinkenstückchen im Nudelauflauf vertuschten diese Tatsache. Zumal sich Sabine freute, endlich wieder einmal Nudeln auf dem Tisch zu haben.
»Könnt ihr euch vorstellen, die ganze Zeit kein einziges Mal Nudeln in England?«
Zur Sensation des Abends kam es jedoch, als Sabine

nach dem Essen beim Tischabräumen behilflich war.
Vater blieb der Mund offen, und Martina schickte ihm einen vielsagenden Blick zu, worauf er den Mund schloß. Das Gepäck trug sie dann mit Sabine hinauf. Sie ging in Sabines Zimmer voraus und knipste das Licht an.
»Ein neuer Läufer!« rief Sabine begeistert. Es waren die drei kaffeebraunen Meter mit gelblichweißen Querstreifen und dem roten Strich in der Mitte. Sabine tänzelte die ganze Länge ab bis zu ihrem Schubladenschrank, dann machte sie kehrt, stand eine Weile da, als überlege sie. »Nein«, rief sie dann, »ich muß es dir sagen.« Sie stürzte auf Martina zu und drückte sie an sich. »Nicht weitersagen, ich habe mich verliebt. Menschenskind, ich kann gar nicht sagen, wie! Ich habe kein Wort herausgebracht, kein einziges, als wir uns kennenlernten.«
Martina erfuhr alles. Erfuhr, daß dieser wortlose Zustand auf einer Party von Mrs. Waddle geherrscht hatte und daß die Ursache der Sprachlosigkeit irgendwo in Brüssel bei der Europäischen Gemeinschaft arbeitete.
»Und wie alt ist er?«
»Schon ziemlich alt. Achtundzwanzig, aber sportlich und daher sehr frisch. Ich muß Papa soweit bringen, daß er zu Weihnachten herkommen darf, könntest du ihn in dieser Hinsicht nicht schon ein bißchen weichklopfen?«
»Wenn du im Gegenzug kein großes Theater machst, weil das mit dem Internat in der Schweiz nicht hinhaut.«
»Ich bin auf diesen Schicksalsschlag vorbereitet«,

sagte Sabine ernst. »Er hat wohl noch keinen Job?«
»Nein. Er hat sich wirklich bemüht. Bei der Versicherung lief einfach nichts. Außerdem hat er auf Stellenangebote hin Dutzende von Firmen angeschrieben, keine Reaktion.«
»Es hängt nicht mit ihm, sondern mit seinem Alter zusammen«, sagte Sabine. »Nun, ich habe mir vorgenommen, ihm das nie vorzuwerfen.«
»Wie großzügig! Aber im Ernst, ich habe das Gefühl, du hast dich geändert.«
»Ich hätte mir nie gedacht, daß ein Mensch, den man wirklich liebt, bewirken kann, daß man sich selbst klarer sieht und seine Fehler erkennt. Da fällt es auch nicht schwer, treu zu sein.«
»Schön für dich«, sagte Martina, und für einen winzigen Moment tauchte Fabians Gesicht vor ihr auf. Sie erhob sich rasch. »Ich darf Vater nicht zu lang allein lassen, sonst denkt er, wird reden über ihn.«
Unten saß Vater noch vor dem letzten Glas Wein und empfing sie mit der Frage: »Sag, hat sie sich nicht sehr zu ihrem Vorteil verändert?«
Martina nickte. »Wenn du es nicht weitersagst, erkläre ich dir auch, warum.«
»Sag bloß, sie hat sich verliebt!«
»Erraten. Es scheint etwas Ernstes zu sein. Sie hat auch gleich eingesehen, daß es mit der Schweiz vorbei ist. Sie möchte aber dafür etwas haben.« Martina amüsierte sich, wie sauer und ängstlich Vater dreinsah. »Es ist nichts Schlimmes. *Er* soll nur zu Weihnachten kommen dürfen.«
»Ach, so weit ist sie schon?«
»Wie meinst du das?«

»Nun, er wird nicht kommen, nur um Händchen mit ihr zu halten.«
»Papa, Sabine ist großjährig.«
»Ich weiß, ich vergesse das immer. Mein Gott, wenn sie sich geändert hat, dann hat die ganze Sache ja auch etwas Gutes.«
Sie schwiegen eine Weile. Martina meinte, daß er nun an Mutter denken würde, aber das war nicht der Fall. Nach einem tiefen Seufzer sagte Vater: »Mir geht die Sache mit Berghofer nicht aus dem Kopf. Bitte, wir waren nicht befreundet, aber wir haben doch hin und wieder ein paar Worte gewechselt, nicht nur über das Wetter. Ein-, zweimal war er auch bei Lina in Behandlung. Ich glaube, er hatte mit Ischias zu tun. Aber daß er so endet ...«
»Was ist eigentlich die Genossenschaftskasse?« fragte Martina.
»Das ist im Grund so ein Mittelding zwischen Minibank und Sparkasse. Früher nur für Bauern und Handwerker, dann für Geschäftsleute und alle Gewerbetreibenden. Jetzt sind wohl auch ganz normale Leute dabei, weil sie niedrigere Kontospesen verrechnen als die anderen.«
»So!« sagte sie. »Und worauf wartest du noch?«
»Worauf sollte ich denn warten?«
»Eigentlich solltest du schon im Auto sitzen und nach Hermsdorf fahren. Dich kennen die Leute im weiten Umkreis, du hast die berufliche Qualifikation, und du bringst mit Sicherheit neue Kundschaft. Was noch wichtiger ist, du hältst die anderen mit deinem guten Ruf.«
»Martina«, sagte Vater, »das ist wirklich nur eine ganz kleine Klitsche.«

»Aber die Leute müßten zu dir kommen und nicht du zu den Leuten. Morgen fährst du hin.«
»Also, die haben bestimmt nicht ausgerechnet auf mich gewartet. Ich weiß nicht . . .«
»Aber ich weiß.« Sie beugte sich über den Tisch und sah ihn fest an. »Du hast dich nämlich bereits entschlossen, nach Hermsdorf zu fahren.«
Das gab einen aufregenden Tag. Vater blieb fast bis zum Abend weg, aber als er kam, sah er zum erstenmal seit langer Zeit wieder aus wie früher. Er schien gewachsen zu sein, hielt den Kopf hoch, den Rücken gerade und lächelte.
Als sie ihn zu dritt mit Fragen bestürmten, sagte er: »Also, es wäre zwar kein hochdotierter Posten, aber sie sind andererseits auch nicht knickrig. Ein paar ganz anständige Nebenleistungen sind auch dabei. Ich habe noch keine feste Zusage, aber Hoffnung haben sie mir gemacht. Wir kämen zwar nicht dorthin, wo wir waren, finanziell, meine ich, aber große Sorgen müssen wir uns auch nicht machen. Viele wären froh, wenn sie das hätten.«
Das war der schönste Tag im ausgehenden Sommer, kurz vor dem Montag, da Martina mit der Arbeit beginnen sollte. Was sie dabei am meisten störte, war, daß sie nun Tag für Tag mit Fabian zusammensein und so tun mußte, als sei nie etwas zwischen ihnen gewesen.

— 20 —

Zum erstenmal sah sie das Schild über der Eingangstür genauer an, als sie die paar Stufen zur Werkstatt hinaufstieg.
Es verriet, was hier alles geleistet wurde.
PIUS PORSTINGER
Individueller Massivholzausbau (Möbel)
Montagen, Wand- und Deckenverkleidung,
Ökoprogramm, Fußboden, Treppen
Gartenmöbel
Zum Glück erwartete sie Porstinger an der Tür und begrüßte sie mit einem festen Handschlag. Dann erfuhr sie die anderen Namen. Der Werkmeister hieß sinnvollerweise Holzmeister, die anderen Otto, Karl, Erich, Helmut. Ein Fabian war nicht da. Als sie nach ihm fragte, erfuhr sie, daß er zu einer anderen Firma gewechselt sei, die sich auf Kegelbahnen spezialisiert hatte. Zum Schluß war da noch ein männlicher Auszubildender, Patrick. Patrick war ihr gleich zuwider, weil er sie mit seinen Knopfaugen abfingerte und den Eindruck erweckte, er kenne sich bei den Weibern aus.
Sie lernte viel an diesem ersten Tag, die vielen Namen der verschiedensten Werkzeuge und Maschinen, sie hatte schnell heraußen, vor welchen Kollegen sie sich in acht nehmen mußte und wem sie vertrauen konnte. Daß alle sie duzten, fand sie in Ordnung, nur wenn Patrick sie duzte, wurde ihr unbehaglich. Aber da dachte sie noch nicht daran, ihm

eine zu kleben. Das geschah erst, als er ihr, während sie versuchte, eine Kante mit dem Hobel abzurunden, einer plötzlichen Eingebung folgend, an die Brust griff. Sie reagierte blitzschnell, und die Ohrfeige, die sie austeilte, knallte derart laut, daß alle in der Arbeit einhielten, um zum Ausgangspunkt des Schalles zu sehen.
Dies brachte ihr mehr als ihre Arbeit schon am ersten Tag große Anerkennung ein. Der Chef, durch die Schallwellen alarmiert, war sofort aus seinem Glasverschlag herausgeschossen und wollte es genau wissen. Er zwang Patrick eine Entschuldigung ab und munterte Martina auf, weiter so zu verfahren, falls er wieder einmal Sendepause im Oberstübchen haben sollte.
Schneller als sie gedacht hatte, war der erste Arbeitstag vorüber.
Sie hatte es nicht eilig, zu verschwinden. Sie konnte in Ruhe auf ihren ersten Arbeitstag zurückblicken. Einiges hatte sie gelernt, ein bißchen was auch geleistet.
Porstinger saß in seinem Glasverschlag, fütterte die Rechenmaschine mit Zahlen und machte sich Notizen. Durch die offene Tür wehte der Geruch des Auwalds herein. Martina ging zu der Kiste mit den verschiedenen Hölzern. War schon eine Zeit her, daß sie hier gewesen war, damals, als ihr Vater die Stellage bestellte. Hier hat es eigentlich begonnen, dachte sie. Und die Holzproben hatte sie noch immer daheim auf dem Bord stehen. Sie griff sich ein glattes Stück Eichenholz, das sich kühl anfühlte. Und wenn sie mit den Fingerkuppen darüberstrich, spürte sie, daß sie etwas in der Hand hatte, das gewachsen war.

Ein gewachsenes Stück Natur. An ihm konnte sie ablesen, daß Wachsen nicht eine gleichförmige Entwicklung bedeutete. Es gab Beschleunigungen und Verzögerungen, manchmal fast etwas wie Stillstand. Das hatten die Bäume mit den Menschen gemein.

»Na«, rief da Porstinger vom Eingang her, »willst du hier übernachten?«

»Nein«, rief sie zurück. »Ich sehe mir nur die Hölzer an.«

»Komisch«, sagte Porstinger und kam langsam näher, »das habe ich an meinem ersten Arbeitstag auch gemacht.«

»Dann nehme ich es als gutes Zeichen für mich.« Martina lachte.

»Das kannst du«, sagte Porstinger. »Bei Gott, Mädchen, das kannst du.«

Barbara Büchner

Feuernacht

Schon einige nächtliche Brandanschläge in dem einsam gelegenem Jagdschlößchen haben Felicitas und ihre Kameradinnen in Angst und Schrecken versetzt. Felicitas glaubt zu wissen, wer der Täter ist. Aber niemand schenkt ihr Glauben. Bevor das Mädchen auf eigene Faust Nachforschungen anstellen kann, kommt es zu einer dramatischen Entwicklung, die Felicitas Leben in Gefahr bringt.
190 Seiten

Rosmarie Thüminger

Ein Sommer für Johanna

Die Ferien sind beinahe zu Ende.
Johannas Mutter will sich
vorübergehend vom Vater trennen
und die Kinder mitnehmen. Und
Johanna muß Abschied nehmen von
Robert, den sie im Urlaubsort
an der Adria kennengelernt hat.
Trennung gehört zum Leben, weiß Johanna.
Aber auch das Wiedersehen
und Zueinanderfinden.
156 Seiten

UEBERREUTER